Ediciones ryr

LOS ORÍGENES DE LA REVOLUCIÓN VIETNAMITA 1930-1945

Colección Problemas Contemporáneos

LOS ORÍGENES DE LA REVOLUCIÓN VIETNAMITA 1930-1945

Vo Nguyen Giap
Hoang Quoc Viet
Le Van Luong
Truong Chinh

Ediciones ryr

Giap, Vo Nguyen
Los orígenes de la revolución vietnamita : 1930-1945 / Vo Nguyen Giap ; Hoang Quoc Viet ; Le Van Luong. - 1a ed. - Ciudad Autónoma de Buenos Aires : RyR, 2013.
160 p. ; 17x12 cm.

Traducido por: Jorge Marfá Puig
ISBN 978-987-1421-77-0

1. Historia de Vietnam. I. Hoang Quoc Viet II. Le Van Luong III. Marfá Puig, Jorge , trad. IV. Título
CDD 959.7

Printed in Argentina- Impreso en Argentina

Se terminó de imprimir en Pavón 1625, C.P. 1870.
Avellaneda, provincia de Buenos Aires, Argentina.
Primera edición: Ediciones ryr, Buenos Aires, febrero de 2014
Responsable editorial: Gonzalo Sanz Cerbino
Diseño de tapa: Sebastián Cominiello
Diseño de interior: Santiago Rossi Delaney
www.razonyrevolucion.org.ar
editorial@razonyrevolucion.org.ar

La Revolución Vietnamita

Una reflexión sobre un pasado siempre actual

Stella Grenat

Probablemente, la Guerra de Vietnam sea uno de los hechos más conocidos de la historia reciente. No obstante, buena parte de ese "conocimiento" proviene del cine norteamericano, que privilegió el análisis de la derrota yanqui, antes que de la revolución misma. El proceso que se extendió entre 1940 y 1975, en el cual tres grandes potencias mundiales (Francia, Japón y Estados Unidos) cayeron derrotadas sucesivamente, permanece desconocido. Ello a pesar de que la gigantesca batalla librada contra enemigos superiores y la victoria final del pueblo vietnamita, constituyó una potente fuente de inspiración para los partidos revolucionarios y progresistas del mundo.

En la Argentina, todas las organizaciones revolucionarias y anti-imperialistas se solidarizaron en su momento con la lucha de liberación encabezada por Ho Chi Minh. Este libro es, entonces, parte de esta tradición, aunque nuestra edición tiene por objetivo alertar sobre los peligros que implica un análisis incorrecto de la revolución vietnamita, sobre todo traer a un contexto diferente soluciones a problemas que tal vez no existan aquí o que se presenten bajo una forma completamente distinta: ¿lucha antiimperialista? ¿Alianza obrero-campesina? ¿Tareas democráticas pendientes? ¿Son estos los problemas de la revolución socialista en la Argentina? Este prólogo es, entonces, la invitación a mirarnos en perspectiva, una perspectiva crítica y actualizada.

Una larga y cruenta (pero exitosa) guerra

Lucha contra la ocupación francesa y japonesa (1860-1945)

La resistencia de los vietnamitas a la ocupación de su territorio por parte de fuerzas extranjeras formó parte de toda su historia. Durante siglos enfrentaron a China y a los mongoles, y desde mediados del siglo XIX y a lo largo del XX, a los colonialistas franceses, a Japón y a Estados Unidos. De este modo, no es extraño que el enfrentamiento a la ocupación francesa de lo que actualmente se conoce como Vietnam haya existido desde el inicio mismo de la invasión. Cuando Francia se apoderó del territorio, hasta ese momento unificado bajo el dominio de la dinastía imperial Nguyen, lo dividió en tres Ky o provincias. Al sur, en el delta del río Mekong, creó en 1863 la colonia de la Conchinchina. Al norte, en 1883, el protectorado de Tonkín en la cuenca del río Rojo y un año después, en el centro, otro protectorado, el de Annam. A partir de entonces Vietnam, junto a Laos y Camboya, también transformados en protectorados, pasaban a integrar la Federación Indochina Francesa. La ciudad de Hanoi, la principal de Tonkín, fue convertida en la sede del gobierno colonial.

Los franceses establecieron en el territorio vietnamita la dirección de los mandarines, antigua clase dominante que mantuvo parte de sus privilegios tradicionales, aunque una fracción protagonizó un levantamiento en el norte de Annam entre 1885 y 1896, y en Tonkín sobrevivieron hasta 1906. Posteriormente, los hijos de los sectores que se beneficiaron económicamente de la ocupación iniciaron la segunda oleada de resistencia. Phan Boi Chau fue uno los precursores de este movimiento nacionalista con aspiraciones de desarrollo capitalista que buscaron apoyo en el Japón. Estos grupos no lograron resultados significativos ni forjaron lazos con la mayoría de la población. Hacia 1927, el Partido Nacionalista Vietnamita, émulo del Kuomitang chino, reunió a funcionarios civiles, pequeños empresarios, comerciantes y oficiales de grados inferiores de las Fuerzas Armadas, pero no pudo articular una sólida base popular. Su levantamiento armado de 1930, a pesar de contar con el apoyo de sectores de las tropas regulares vietnamitas, fue brutalmente reprimido, obligando a los sobrevivientes a refugiarse en China.[1]

La historia "moderna" de la lucha anti-imperialista nace vinculada a la lucha socialista. La historia de este nuevo periodo es indisoluble de la historia de su dirección incuestionada Ho Chi Minh. Hijo de campesinos, nacido como Nguyen Sinh Cung, en la provincia de Nghe Tinh, al norte de Vietnam, no se sabe si en 1890 ó 1892. Siguiendo las costumbres, a los 10 años cambió su nombre por el de Nguyen Tat Thanh que significa "el que tiene muchas esperanzas". A pesar de su origen, logró estudiar y a los 20 años se embarcó como sirviente rumbo a Francia, iniciando un periplo que lo mantuvo fuera de su tierra durante los próximos 30 años.

Desde Francia viajó a Londres, donde adoptó el nombre de Nguyen Ai Quoc, "el patriota", dando cuenta del rumbo que, a partir de entonces, tomó el resto de su vida: la lucha por la liberación nacional de Vietnam. La profunda convicción de la necesidad de la organización de los luchadores fue la otra premisa que nació en esta etapa y que definió la naturaleza de toda su intervención posterior. En estos años se concentró en tareas fundamentales de organización: la puesta en contacto de todos los exiliados de países colonizados y la agitación periodística contra el dominio colonial. De vuelta en Francia hacia 1920, se integró a la Sección Francesa de la Internacional Comunista y participó del Congreso en el que

[1]Sobre este tema ver Wolf, Eric: *Las luchas campesinas del siglo XX*, Siglo XXI, México, 1999, pp. 221-286.

surgió el Partido Comunista Francés. Esta integración estuvo determinada por el hecho de que solo la Tercera Internacional estaba a favor de la liberación de los países coloniales.[2]

Desde entonces su vida fue la de un militante orgánico de la Internacional. Como tal viajó a Moscú en 1924, donde se mantuvo casi dos años estudiando antes de ser enviado a China, como traductor y consejero del dirigente soviético Michael Borodin. Sin embargo, su ferviente internacionalismo jamás subordinó su principal interés: la liberación de Vietnam. En la región china de Cantón fundó la Asociación Revolucionaria de Vietnam, conocida como Thanh Nien, la denominación de la hoja que publicaba, donde ya planteaba la formación de un amplio frente nacional para enfrentar la ocupación francesa.[3] En paralelo desplegó una intensa tarea de organización, propaganda y agitación con el fin de conectar y articular la acción popular en contra de la ocupación colonial. En esta línea envió agitadores a toda Indochina, formó grupos marxistas y mantuvo su conexión con el Partido Comunista Chino (PCCH).

En 1927, tras la derrota de la insurrección comunista en Cantón, el Thanh Nien fue aniquilado y Ho Chi Minh debió refugiarse en Hong-Kong y luego retornar a Moscú. Mientras tanto la movilización de masas en las colonias francesas iniciaba una etapa de ascenso y las huelgas se desataban en las principales ciudades. En este marco surgieron tres organizaciones comunistas que, dada su dispersión, no lograban potenciar el movimiento popular. En Moscú, Ho Chi Minh, recibió estrictas órdenes de regresar y reunificar los partidos

---

[2]Ho Chi Minh: "El camino que me llevó al leninismo", en Fall, Bernard: *Sobre la revolución. Escritos de Ho Chi Minh,* Siglo XXI, México, 1980, pp. 24-25.

[3]Recién en 1935, en el VII Congreso de la Internacional, la Unión Soviética oficializó la línea estratégica de los frentes populares en todo el mundo. Ho Chi Minh, que hacía casi una década que defendía y ponía en práctica esta línea en Indochina, asistió a dicho Congreso como representante del Partido Comunista de Indochina (PCI).

que coexistían en Vietnam: el Partido Comunista Indochino, el Partido Comunista de Annam y la Federación de los Comunistas de Indochina. Tarea que cumplió en febrero de 1930, formando el Partido Comunista de Indochina (PCI) en una conferencia reunida en China. La unificación se basó en el acuerdo en torno a la aprobación de un programa político y una estrategia del partido presentada por Ho Chi Minh, según el cual las tareas a seguir serían

"realizar la revolución democrático burguesa, incluyendo la revolución agraria, a fin de derrocar al imperialismo francés y la corte feudal; lograr la independencia nacional, y avanzar hacia el socialismo y el comunismo. Y para ello era necesario fundar un partido de la clase obrera, edificar el ejército obrero-campesino, realizar la alianza obrero campesina, establecer el frente nacional unido y asegurar la solidaridad entre el movimiento revolucionario internacional y la revolución de Viet Nam".[4]

Aquel programa paulatinamente moderó su contenido, limitándolo a cuestiones puramente democráticas y eliminando la reforma agraria, a medida que extendía su base social de sustentación mediante la incorporación al frente patriótico de fracciones cada vez más amplias del pueblo vietnamita, en particular, de la burguesía.

Este cambio programático, establecido por el VIII Pleno del Comité Central reunido en mayo de 1941, fue acompañado de un reordenamiento organizativo que plasmaba la articulación orgánica entre el PCI y la estructura social vietnamita, predominantemente rural, pre-capitalista y que sufría la ocupación de su territorio por

---

[4]Comisión de estudios de la Historia del Partido de los Trabajadores de Vietnam: *Vietnam: Guerra de Liberación,* Ediciones El Ceibo, Buenos Aires, 1974, pp. 12-13.

parte de un país extranjero. Después de 30 años, Ho[5] regresó a su país para fundar la Liga para la independencia de Vietnam, conocida como Viet Minh. Se trataba de un frente patriótico que agrupaba a todas las clases sociales y a todas las asociaciones de Salvación Nacional. Formalmente independiente del PCI, que se encontraba en la clandestinidad, desarrollaría eficazmente la tarea de acumulación de fuerzas para la que había sido creado.

Estas transformaciones se dieron en un contexto nacional e internacional que, a su vez, se había modificado. Por un lado, en Vietnam, en las regiones del norte habían estallado insurrecciones locales y el PCI ya había tomado la decisión de fortalecer estas embrionarias fuerzas armadas y construir bases revolucionarias.[6] En 1941, el partido ordenó a Vo Nguyen Giap organizar y centralizar las fuerzas militares nacionalistas. Su mayor desarrollo inicial se produjo en las regiones montañosas del norte, en las que se establecieron zonas liberadas donde las fuerzas del Viet Minh ejercían el control de las aldeas. A fines de la década del '30, estallaron huelgas en las principales ciudades. En todas ellas había presencia del PCI que, de este modo, logró coordinar la acción de diferentes fracciones sociales y sumarlas al movimiento de liberación nacional.

En el plano internacional, Ho Chi Minh dio muestras del gran pragmatismo político estratégico que lo caracterizó.[7] El estallido de guerra y la ocupación alemana de Francia (mayo-junio 1940) transformaron la situación de la metrópoli. Al igual que en sus colonias,

---

[5]Si bien venimos haciendo referencia a Ho Chi Minh, recién en esta época adopta este nombre, que significa "el que ilumina".

[6]Comisión de estudios..., op. cit., p. 28.

[7]Como ejemplo de este pragmatismo, Ho Chi Minh llevó adelante acciones conjuntas con el organismo predecesor de la CIA, la OSS (Oficina de Servicios Estratégicos): el Viet Minh informaba a la OSS y ayudaba a rescatar a los pilotos estadounidenses derribados por los japoneses; a cambio, la OSS envió a un pequeño grupo a la selva con el objetivo de armar y entrenar militarmente al Viet Minh.

surgió en paralelo un movimiento de resistencia que enfrentó desde el primer día a los alemanes. Pero como Indochina se mantuvo fiel al gobierno filo nazi de Pétain, no se constituyó ninguna fuerza oficial de oposición a los japoneses que, en tanto aliados de los alemanes, ingresaron a Vietnam. Este marco resultó favorable para Ho Chi Minh que, a pesar de su respeto a las directrices soviéticas que en ese momento determinaban a nivel mundial la alianza de todas las fuerzas patrióticas y democráticas contra la amenaza fascista, mantuvo la independencia frente a los franceses. Si bien, la situación material del pueblo vietnamita empeoró bajo la opresión conjunta de los dos países extranjeros, la coyuntura se planteaba más adversa para los franceses impotentes frente a Japón y débiles ante las fuerzas nacionalistas que prontamente se reagrupaban.

Frente a ello, tomando en cuenta que la correlación de fuerzas militares a nivel internacional beneficiaba la causa vietnamita, Ho Chi Minh reacomodó el orden del enfrentamiento. Identificó como enemigo principal a los japoneses y junto a la orden de no agresión hacia los franceses mandó difundir la consigna de "ni dinero, ni un grano de arroz, ni un hombre para los agresores japonés y francés."[8] De esta manera, el PCI y el Viet Minh mantuvieron la estrategia de liberación nacional que pasó a tener dos etapas, primero, expulsar a los japoneses, después, obtener de los franceses la independencia nacional. El socialismo quedaba pendiente y solo se alcanzaría en una tercera y última etapa de la liberación.

Por otro lado, Ho Chi Minh, buscó el apoyo de Mao (concentrado en su fortaleza de Yennan) y el de Chiang Kai Shek, aliado de Francia (Libre) e Inglaterra contra el Japón. Siendo la única organización nacionalista que controlaba una fuerza militar en Vietnam, contaba con esta base para establecer concesiones que no debilitaron su hegemonía sobre el movimiento de liberación. Así, cedió

---

[8]Comunicado emitido por el Comité Central del PCI, citado por Hoang Quoc Viet: "Pueblo heroico", incluido en la presente edición.

espacio político al candidato promovido por Chiang Kai Shek para lograr el financiamiento que buscaba. Pronto, tal como lo preveía Ho, el candidato pro chino perdió todo apoyo.

Hacia 1944 el Viet Minh extendió su organización política y militar en todo el territorio.[9] Un mes antes de la caída de Japón, Ho Chi Minh, conciente de la debilidad del Viet Minh, siguió apelando a la negociación con Francia.[10] En esta línea mandó difundir en todo el territorio el programa democrático del Viet Minh que incluía el llamado a elecciones y la permanencia de un gobernador francés hasta la futura proclamación de la independencia. Las condiciones para la revolución maduraron, y el 13 de agosto del '45 el PCI ordenó la insurrección general y designó a los participantes del Congreso de representantes del Pueblo convocado por el Viet Minh. El 16, este congreso aprobó el programa de diez puntos del Viet Minh y la Orden de insurrección general, eligiendo un Comité Nacional de Liberación presidido por Ho Chi Minh. En pocos días la insurrección triunfó en todo el país. Tras la abdicación del emperador títere Bao Dai, el 29 de agosto Ho Chi Minh fue nombrado Presidente del Gobierno Provisional de República Democrática de Vietnam.

Nueva etapa en la lucha contra los franceses (1945-1954)

A pesar de su debilidad, tres semanas después de proclamada la independencia, el Cuerpo Expedicionario Francés abrió fuego en Saigón. Paralelamente, 200.000 soldados chinos (con apoyo norteamericano) ingresaron por la frontera norte de Vietnam, con la venia de los sectores más reaccionarios de la burguesía y de los terratenientes vietnamitas. En el sur hacían lo propio tropas inglesas

---

[9]Comisión de estudios..., op. cit., p. 34.

[10]En esta última etapa el pueblo vietnamita se vio asolado por una gran hambruna que costó la vida de alrededor de dos millones de personas.

en apoyo al intento francés de recuperar su poder colonial. Ambos, con el pretexto de desarmar a los japoneses, buscaban destruir el Viet Minh.

En esta coyuntura, Ho Chi Minh construyó su estrategia sobre la necesidad obtener tiempo, ya que las fuerzas del Viet Minh no eran suficientemente sólidas y el pueblo, luego de la guerra y el hambre, necesitaba imperiosamente avanzar en la reconstrucción. Así, Ho reordenó el enfrentamiento determinando como el enemigo principal a los colonialistas franceses y fijó como objetivo principal la independencia sin romper con Francia, por la vía pacífica pero sin hacer concesiones. El PCI pasó a la clandestinidad, para resguardar sus cuadros y seguir a la cabeza del Estado y de las masas. Inició negociaciones que no llegaron a buen puerto y en diciembre Francia reinició abiertamente las hostilidades en todo el territorio. En este marco, Ho Chi Minh difundió *El llamamiento a la resistencia militar*: "una resistencia de todo el pueblo, en todos los frentes, de larga duración, y que se apoya en nuestras propias fuerzas".[11] Lo de las "propias fuerzas" no dejaba de ocultar las alianzas en las que estaba inmersa la dirección vietnamita: los soviéticos proporcionaron alrededor de cinco mil millones de dólares en armamento de última tecnología y tres mil asesores militares y técnicos para entrenar a los soldados; China también otorgó una gran ayuda económica a lo que sumaron trescientos mil soldados de apoyo. Sin embargo, esta intervención no resultó ser la variable determinante de la guerra que hasta final dependió sustancialmente de las propias fuerzas vietnamitas.

La resistencia era el único camino posible para la acumulación de fuerzas necesarias para equilibrar y posteriormente superar las fuerzas del enemigo. Dentro de esta perspectiva, la noción de larga duración de la guerra constituyó el eje central de la estrategia militar vietnamita. Suponía en concreto, disponer a las fuerzas populares

---

[11]Comisión de estudios..., op. cit., p. 48.

para enfrentar muchos años de sacrificios y organización necesarios para una guerra que se desplegaría en tres etapas: la defensiva, la de equilibrio de fuerzas y la de contraofensiva general. En tal sentido, la victoria se alcanzaría como resultado de un largo proceso de acumulación, material y moral, suficiente para revertir una relación de fuerzas desfavorables y aniquilar al enemigo. De este modo, se iniciaba un largo camino de experiencias político militares que culminarían en la conformación de un único y sólido ejército regular a partir de pequeñas y muy débiles unidades guerrilleras.

En este punto importa destacar el rol jugado por la guerra de guerrillas. Si bien mantuvo un papel estratégico en aquellos primeros momentos de extrema debilidad y subsistió a lo largo de toda la guerra, por sí solo no garantizaría la victoria final.[12] Solo al inicio de la guerra y mientras el Viet Minh consolidaba su fuerza, la guerrilla constituyó la forma principal de lucha de los vietnamitas.[13] En resumen, el despliegue estratégico político y militar vietnamita (liberación nacional, resistencia, larga duración, etc.) lejos de determinaciones culturales y/o sociológicas inherentes al pueblo, fue el resultado de la intervención consiente de la dirección política y militar del proceso.

En términos de organización resultó significativa la constitución del Lien Viet (Frente de Unión Nacional) que incorporó al Viet Minh a todos aquellos sectores que aún no se habían sumado a él. En 1951, el Viet Minh y Lien Viet se fusionaron para formar un frente nacional, que conservó el nombre de Lien Viet. A partir de febrero de ese año, el PCI comenzó a actuar legalmente como Partido de los Trabajadores de Vietnam y se unió oficialmente al Lien Viet. La formación de este aparato constituyó la

---

[12]Giap, Vo Nguyen: *Guerra del pueblo, ejército del pueblo*, Era, México, 1979, p. 24 y 109.

[13]Idem, p. 107.

reserva material y moral de la fuerza militar que paralelamente se fue conformando.

Asimismo, en un país que seguía siendo en un 90% agrario, en las zonas que controlaba la república se avanzó poco a poco con la reforma agraria y con la reducción de los arrendamientos. En principio, a medida que se recuperaban territorios la tierra repartida se limitó a las abandonadas y a aquellas expropiadas a los colaboracionistas. En 1952-53 se emitió la ley de reforma agraria que promulgó la confiscación sin indemnización las tierras de los colonialistas y de los "terratenientes traidores o reaccionarios, así como la de los notables crueles y recalcitrantes". Otras serían requisadas o compradas a los efectos del reparto y se anularon la totalidad de las deudas de los campesinos.

Hacia fines de los '40 el contexto internacional acompañó favorablemente este proceso, en tanto la victoria comunista de Mao Tse Tung en China no solo bloqueó un frente enemigo, sino que lo transformó en un aliado cuya ayuda material pasaría a ser fundamental. En 1950, por fin, la Unión Soviética y China reconocieron la independencia de Vietnam. La lucha quedaba inmersa en el marco de la guerra fría, confrontación que determinaría el realineamiento de todos los países del mundo los próximos 40 años.

Ante el fracaso de su estrategia de ofensiva relámpago y a pesar de instalar un gobierno títere paralelo, los franceses, cada vez más debilitados, no lograron consolidar posiciones territoriales que, palmo a palmo, les eran disputadas por las fuerzas nacionalistas. Hacia 1950, mientras el Lien Viet se encontraba en condiciones de iniciar acciones de contraofensiva en el norte y liberar varias provincias, los franceses se vieron obligados a solicitar apoyo norteamericano. A partir de entonces el financiamiento de EE.UU. fue sostenido hasta 1954.

En un último intento de liquidar de manera convencional a los vietnamitas, conduciéndolos al enfrentamiento con sus fuerzas concentradas, los franceses con la venia norteamericana llevaron adelante el plan del general Henri Navarre. Este plan culminó con la derrota militar total y absoluta de Francia en la famosa batalla de Diem Bien Phu y con su rendición el 7 de mayo de 1954.[14] Los vietnamitas alcanzaron su objetivo mediante el uso combinado de sus fuerzas regulares e irregulares ya que la intensificación de la guerra de guerrillas en la retaguardia, que obligó a la disgregación del enemigo, permitió al ejército regular aniquilarlo en los puntos prefijados.

Esta victoria militar mejoró la posición de los vietnamitas en la mesa de negociaciones realizada en esa misma fecha en Ginebra, pero no lo suficiente para alcanzar el cumplimiento de todas sus demandas. Entre ellas el reconocimiento pleno de la su independencia y del ejercicio de la soberanía sobre todo su territorio. En la conferencia se acordó la división del país en el paralelo 17 y el establecimiento de la República de Vietnam del Sur. Se programó además la realización de un referéndum para la reunificación en 1956 y la evacuación de las tropas francesas.[15]

De este modo, luego de los Acuerdos de Ginebra, en el sur fue mantenido como jefe de estado el emperador Bao Dai que desde

---

[14]"En 1953 el general francés Henri Navarre envió a quince mil soldados a Dien Bien Phu, un pequeño puesto avanzado en un remoto valle del noroeste de Vietnam, creyéndolo una posición inexpugnable desde la que podría atacar la retaguardia del Viet Minh. Fue un desatino sensacional. El general Vo Nguyen Giap rodeó la guarnición francesa con cincuenta y cinco mil soldados del Viet Minh y un número aún mayor de campesinos ayudó a arrastrar pesados obuses y armamento antiaéreo por un terreno terriblemente accidentado. En la primavera de 1954 Dien Bien Phu estuvo sitiado durante dos meses [y finalmente cayó]." Appy, Christian: *La guerra de Vietnam. Una historia oral,* Crítica, Barcelona, 2012, p. 51.

[15]A partir de la firma de este acuerdo, desapareció Indochina restableciéndose la integridad territorio de Vietnam, Laos y Camboya. Vale destacar que el secretario de Estado norteamericano John Foster Dulles se negó a firmar los acuerdos pero se comprometió a cumplir lo establecido en ellos.

1950 dirigía la región desde Saigón. Al mismo tiempo se nombró, con el patrocinio norteamericano, a Ngo Dinh Diem, un antiguo aristócrata católico, como Primer Ministro. Este doble mando desapareció al año siguiente cuando Diem, luego de manipular en su favor un referéndum popular, expulsó del gobierno al emperador.

El gobierno de Diem no solo no logró consolidar una mínima base de apoyo popular sino que profundizó las hostilidades dentro del territorio: enfrentó a los campesinos con una reforma agraria que quitaba las tierras que el Viet Minh les había entregado, confrontó con los ejércitos privados de sectas religiosas budistas y con todos los anticomunistas que no lo apoyaran. Asimismo, no respetó lo acordado en relación a no tomar represalias con los antiguos opositores, decretando su reclusión perpetua en campos de concentración y asesinándolos en masa. Al mismo tiempo, bloqueó económicamente al norte negándole el envío de arroz. De igual modo, ni en el norte ni en el sur dejaron de tener aliados militares y de recibir de ellos armas y pertrechos, acciones específicamente prohibidas en el acuerdo. En este contexto, Diem incumple el punto central acordado en Ginebra: la realización del referéndum para la reunificación.

En las ciudades la indignación popular se intensificó y grandes manifestaciones se sucedieron exigiendo el llamamiento a elecciones. Asimismo crecían los ajusticiamientos en represalia a la feroz represión sufrida por las fuerzas del Viet Min. En el campo, la resistencia volvió a surgir en las bases revolucionarias que habían sido salvaguardadas y en todas aquellas que se iban creando. A principio de 1960 estallan las primeras acciones armadas en el campo: en las aldeas los pobladores toman puestos y guarniciones para apoderarse de armas. De allí en más se desatan insurrecciones en todo el sur.

En este marco, el 20 de diciembre de 1960, en una zona liberada ubicada en sur, se reunió el congreso de representantes de todas las clases sociales, partidos, sectas religiosas y nacionalidades y se fundó el Frente Nacional de Liberación de Vietnam del Sur (FLNVS).

La victoria contra los norteamericanos

La última etapa de la guerra de liberación nacional vietnamita es aquella que se inicia con la intervención militar, primero encubierta y luego abierta, de los EE.UU. en el conflicto. Tiene su inicio formal en agosto 1964, cuando el presidente Lyndon Johnson anunció el bombardeo de Vietnam del Norte en represalia contra el ataque sufrido por dos destructores norteamericanos en el golfo de Tonkín. Sin embargo, ya señalamos que la presencia de asesores y de ayuda estadounidense a los colonialistas fue permanente desde finales de la Segunda Guerra y no dejó de aumentar desde la partición del país. Asimismo, desde 1961 se estaban llevando adelante operaciones militares secretas en territorio vietnamita. De modo tal que, a mediados de los '60 lo que se inició fue el proceso de escalada militar que condujo a los EE.UU. a la peor y más exasperante sus derrotas.

En EE.UU. esta derrota se inscribió y dejó su impronta en una de las décadas con mayor conflictividad interna de su historia. Mientras la Revolución Cubana se consolidaba, enfrentaba la amenaza de un posible ataque nuclear (la famosa crisis de los misiles), asesinaban al presidente Kennedy, intensificaba su intervención en Centro y Sudamérica (invasión de Haití), la lucha por los derechos civiles de los negros crecía sin parar, asesinaban a su máximo referente (Luther King) y otro de sus presidente renunciaba en medio de un escándalo de corrupción (caso Watergate), la oposición a la guerra abrió un frente interno imposible de controlar. Así, el rechazo al reclutamiento y el retorno de los muertos y mutilados se convirtieron en estandarte de una lucha que cercenó en el plano militar su fuerza moral. A tal punto, que su lastre hizo imposible revertir su posición en un escenario de guerra en el cual su poderío material parecía indiscutible.

En este marco, la llegada de miles de soldados norteamericanos a Vietnam del Sur en 1965 se dio luego del fracaso de dos estrategias previas pergeñadas para aniquilar al FLNVS. Primero, sostuvieron la dictadura de Diem y llevaron adelante una "guerra especial" que consistió en el fortalecimiento material del Ejército del sur para que se constituya en la principal fuerza de choque contra el FLNVS. Este plan fracasó ante la imposibilidad de estabilizar un gobierno fantoche hundido en la corrupción y la arbitrariedad que culminó con el asesinato de propio Diem en 1963.

En segundo término, a principios de 1962, implementaron el plan "Stanley-Taylor", que consistía en la creación de miles de aldeas estratégicas en las cuales suponían reubicar a los campesinos, mejorar sus condiciones de vida y privar de este modo al FLNVS de sus bases de apoyo. El plan de construir 17 mil aldeas y pacificar el territorio en 18 meses, se hundió frente a la tenaz resistencia de la población a abandonar sus tierras. La concentración de los pobladores fue imposible y las aldeas eran abandonadas, destruidas o convertidas en su contrario: aldeas de resistencia y apoyo al FLNVS. De este modo, las zonas liberadas crecían en el Sur.

Frente a este empantanamiento el presidente Johnson, junto a su ministro de defensa Robert McNamara, apoyó el despliegue de una nueva política de intervención mediante el establecimiento de un mando mixto, vietnamitas y estadounidenses, en Vietnam de Sur. El objetivo fijado fue la liquidación del FLNVS, en dos años, mediante el uso abierto de fuerzas armadas norteamericanas. Para ello se aprobó reforzar a los 6.000 consejeros e infantes que ya estaban en Vietnam con la llegada de 25.000 hombres más. Esta fuerza, bajo el mando del Comandante Westmoreland, desplegaría en el plano militar la estrategia de "buscar y destruir". De este modo, a partir de 1965 la llegada de soldados no dejó de aumentar, hasta alcanzar el número de 500.000. En paralelo se intensificó el bombardeo sobre todo el territorio vietnamita y sobre Laos en un intento infructuoso de frenar la llegada de suministros y soldados desde el norte.

A fines del '65, en el valle del río Drang, tuvo lugar una de las campañas más largas y convencionales de toda la guerra. En ella se enfrentaron fuerzas regulares de ambos ejércitos. Westmoreland festejó lo que entendió era una victoria después de más de un mes de enfrentamientos: 300 bajas propias contra 3.000 del enemigo. Confirmó su estrategia según la cual el éxito final no resultaría del dominio del territorio sino del aniquilamiento del mayor número de soldados posible, hecho que generaría una gran desmoralización y crearía enormes dificultades para reponer las bajas. Ninguna de estas previsiones se cumplieron, ya que en esta guerra la disparidad de bajas no constituyó jamás un índice eficaz para medir el resultado de los encuentros. Al contrario, el factor moral y la capacidad de reclutar fuerzas y movilizar civiles y militares, fueron variables que los vietnamitas mantuvieron y potenciaron a lo largo de todo el enfrentamiento.

Por su parte, el estado mayor militar vietnamita comprendió que, a pesar de que el factor geográfico jugó en su favor, no les resultaba conveniente el enfrentamiento abierto con los norteamericanos y, de allí en adelante lo evitaron. Plantearían encuentros de decisión rápida que los mantuvieran lejos de los ataques aéreos y la artillería norteamericana. Las grandes ofensivas las reservarían para los momentos claves en los que la victoria estuviera garantizada.

Entre 1965 y 1968 el FLNVS y el Ejército del norte, siempre con un alto costo militar, lograron frenar dos contraofensivas norteamericanas. Los avatares de una guerra cuya ferocidad se incrementaba con el uso de armas convencionales y químicas, y con el bombardeo despiadado de la población civil, constituyeron el trasfondo del sistemático proceso de acumulación de fuerzas que la dirección vietnamita mantuvo desde el comienzo de la guerra. Sobre esta base, a mediados de 1967, Ho Chi Minh planteó retomar la iniciativa. Comenzaron entonces los preparativos para la primera gran ofensiva que cambió definitivamente el rumbo de la guerra. El plan era la intervención conjunta de todas las fuerzas de oposición (civiles y militares) no solo en el campo, principal escenario de la guerra en el sur, sino también en las ciudades.

Efectivamente, el 30 de enero de 1968, durante el Tet, la festividad del año nuevo lunar, la más importante de Vietnam, se desató la gran ofensiva general. Ese día, bajo el mando de Giap, 84.000 soldados del norte avanzaron y ocuparon las principales ciudades del sur que, con el FLNVS a la cabeza, simultáneamente estallaban en insurrección. Entre ellas se encontraban Saigón y la antigua capital imperial de Hue. De este modo, a pesar de la enorme cantidad de bajas sufridas (entre cuarenta y cincuenta mil hombres), y de que los norteamericanos junto al Ejército del sur reconquistaron la mayoría de las ciudades, inflingieron una terrible derrota política a EE.UU. El desprestigio internacional alcanzado por la difusión de las atrocidades de esta guerra atizó el descontento interno y aumentó la bancarrota moral de las bases militares.[16] Además, este resultado obligó a la sustitución del general Williams Westmoreland, comandante de las fuerzas estadounidenses desde 1964 y al reconocimiento de los delegados del FLNVS en las negociaciones diplomáticas abiertas en la Conferencia de París.

La consolidación del poder vietnamita continúo su marcha y, en junio de 1969, las fuerzas patrióticas celebraron el Congreso de Representantes del Pueblo, donde eligieron el Gobierno Revolucionario Provisional de la República de Vietnam del Sur y el Consejo de Asesores del gobierno. Instituciones que, a su vez, reforzaron materialmente las fuerzas nacionalistas en las zonas

---

[16]El descontento interno que aumentó sistemáticamente hacia finales de de los '60, se intensificó luego de la difusión en la revista *Life* de las fotos de la matanza de My Lai ocurrida en marzo de 1969, cuando soldados norteamericanos asesinaron a sangre fría todos los miembros de una aldea.

liberadas mediante la aplicación de reformas democráticas, entre ellas la reforma agraria. En medio de este proceso, en Hanoi, el 3 de septiembre de 1969 muere Ho Chi Minh.

La guerra continúo. Ante la adversidad, el recién elegido presidente Nixon puso en marcha una nueva estrategia. Frente a las presiones internas, promovió el comienzo del retiro de las tropas norteamericanas y el fortalecimiento de las fuerzas militares vietnamitas del sur. Para destruir las bases de operaciones de su enemigo y demostrar que estaba dispuesto a todo para obtener la victoria, ordenó la apertura de un nuevo frente, invadiendo Camboya en 1970. Reconoció, también, los bombardeos que se venían realizando clandestinamente desde hacía un año. Al igual que el resto de las campañas aéreas, este nuevo ataque no quebró la voluntad de lucha del Ejército del norte.

La dirección vietnamita desató la Ofensiva de Pascua, en 1972: cien mil soldados que contaban con tanques soviéticos cruzaron hacia el sur y ocuparon varias provincias. La contraofensiva de los norteamericanos, que mantenían un enorme poder de fuego aéreo, logró contener su avance pero no el derrumbe total del gobierno títere del sur. Como respuesta, Nixon desató un feroz bombardeo sobre Hanoi y Haiphong que duró 10 días y generó miles y miles de pérdidas civiles. Agotado, EE.UU. se vio obligado a firmar la paz y la retirada de sus tropas, en París en enero de 1973. La retirada oficial no significó el fin de la guerra, que recién culminó dos años después cuando, a comienzo de 1975, el norte desató su última gran ofensiva y logró por fin la caída total de Saigón. Habían muerto un millón cien mil soldados y hubo seiscientos mil heridos. Por su parte, los norteamericanos perdieron 58.193 hombres y tuvieron más de trescientos mil heridos, a los que se sumaban unos 224.000 soldados de la República de Vietnam del Sur.

Algunas crueles (pero necesarias) verdades: las enseñanzas de Vietnam

En la Argentina, la revolución vietnamita fue reivindicada como ejemplo de lucha y su historia fue convertida en bandera política por las principales organizaciones populares de las décadas de 1960 y 1970. En el campo del peronismo de izquierda, la revista *Cristianismo y Revolución* le dedicó un gran espacio a la problemática de la guerra, manteniendo a sus lectores informados sobre la evolución del conflicto desde sus primeros números.[17] Por su parte, Montoneros introdujo en sus análisis comparaciones entre Vietnam y Argentina, en lo que respecta a la caracterización de la burguesía y del rol del Partido Militar en los países "oprimidos", a la vez que utilizó el proceso para moralizar a sus militantes con el triunfo vietnamita de 1975.[18]

---

[17]En el nº 2-3 de *Cristianismo y Revolución*, de noviembre de 1966, aparece un largo informe especial sobre el tema. El texto completo del Programa Político del Frente Nacional de Liberación de Vietnam del Sur, aprobado en el Congreso Extraordinario del Frente convocado por su Comité Central, fue publicado a mediados del mes de agosto de 1967. A ello se suma un extenso balance sobre la posibilidad de la retirada norteamericana, en los números 6-7 y 8, de mediados de 1968. Asimismo, los diez puntos del programa del FLNV son reproducidos en el nº 18, de la primera quincena de julio de 1969, los que son publicados nuevamente en la nº 21, de noviembre de 1969, en el marco de la denuncia acerca de la responsabilidad de los EE.UU. en el estancamiento de las negociaciones para culminar la guerra. Finalmente, en el nº 22, de enero de 1970, editan una larga carta de sacerdotes católicos vietnamitas sobre la paz y otros artículos sobre el tema.

[18]Respecto de la cuestión militar, Montoneros señala que en la Argentina y en Vietnam del Sur no existe una burguesía capacitada para gobernar, por lo que asume el poder una "nueva elite política", sustentada por el imperialismo, que son los militares. Al respecto puede consultarse "Memoria del año 1971. Informe Especial", en Baschetti, Roberto (Comp.): *Documentos*

Entre los partidos de la izquierda revolucionaria, se destaca la intervención del PRT-ERP, uno de los más férreos defensores de la "vía vietnamita al poder".[19] En sus prensas, volantes y discursos colocaron a los líderes de la revolución asiática como vanguardia del proceso a nivel internacional, llamando, con el Che Guevara, a "crear dos, tres, muchos Vietnam".[20] No obstante, también fueron

---

(1970-1973), de la guerrilla peronista al gobierno popular, De la Campana, Buenos Aires, 2004, pp. 363-376. Una lectura en clave montonera de la "guerra integral" vietnamita, en *Evita Montonera,* nº 4, abril de 1975.

[19]En el caso del PRT y luego del PRT-ERP, la referencia a la guerra de Vietnam es continua desde *Norte Revolucionario,* Año III, n° 15, sep. 1964, Año IV, nº 18, feb. 1965, n° 21, abril 1965, *La Verdad,* Año II, n° 71, dic. 1966, hasta *El Combatiente,* Año I, n° 2, n° 3, mar. 1968, n° 4, n° 6, ab. 1968, n° 23, dic. 1968, Año II, n° 24, mar. 1969, n° 27, ab. 1969, n° 28, may. 1969, n° 31, jul. 1969, n° 34, ag. 1969, n° 37, oct. 1969, Año III, n° 46, ag. 1970, n° 48, sep. 1970, Año IV, n° 54, ab. 1971, n° 58, jul. 1971, n° 60, ag. 1971, Año V, n° 69, may. 1972, Año VI, n° 88, ag. 1973, n° 89, sep. 1973, Año VIII, n° 150, n° 152, en. 1975, n° 156, feb. 1975, n° 157, n° 158, n° 160 y n° 161, mar. 1975, n° 166, ab. 1975, n° 178, ag. 1975, Año IX, n° 210, mar. 1976, n° 215, may. 1976, n° 236, oct. 1976; *Estrella Roja*, n° 9, dic. 1971, n° 28, en. 1974, n° 37 ag. 1974, n° 46, di. 1974, n° 47, en. 1975, n° 66, dic. 1975; y *Nuevo Hombre*, Año IV, nº 62, may. 1974, n° 66, jul. 1974. Asimismo, en *Estrella Roja,* n° 24, 4 de septiembre de 1973, el PRT-ERP comenzó a editar una nueva sección denominada "Relatos de la guerra revolucionaria" en la que reprodujo extractos del texto de Giap, "Nacimiento de un Ejército", puntualmente citas de los apartados "El movimiento se arma", "La marcha hacia el sur" y "El destacamento de propaganda". En *Estrella Roja*, n° 29, 28 de enero de 1974, en esta misma sección se reproduce "Al pie del cadalso" de Le Van Luong y en *Estrella Roja*, n° 35, 1 de julio de 1974, vuelve a reproducirse el apartado "El destacamento de propaganda".

[20]El Che lanza esta consigna en el Mensaje a la Tricontinental, en 1967, en la que señalaba la obligación de "crear dos, tres, muchos Vietnam". El PRT defendió esta línea a lo largo de toda su existencia política. Al respecto véase "¡Viva la ofensiva del FNL de Vietnam! Apoyar a Vietnam luchando

contemporáneas a los hechos las primeras voces que alertaron sobre los peligros de implementar en la Argentina una estrategia pensada para una realidad diferente:

"La concepción de la guerra es, tal vez, el terreno donde es más evidente la contribución de la revolución vietnamita a la teoría. Pero, precisamente porque es política, no hay que buscar ningún modelo en la estrategia militar vietnamita, sino que hay que extraer sus enseñanzas. En efecto, ella está estrechamente unida a un programa político determinado (el del Partido Comunista Vietnamita), a una región del mundo y a un período histórico determinado. La noción "de zona liberada" es válida solamente para un país esencialmente rural, no ciertamente, para una Argentina urbanizada. Su equivalente socioeconómico (base material de la resistencia, embrión del futuro estado obrero) no se lo puede buscar en las ciudades. La articulación de la cuestión nacional y social, no puede ser la misma en un país formalmente independiente que en una colonia directa."[21]

En el mismo sentido, a principios de 1976, Adolfo Gilly consideraba que "en América Latina, la tarea es hacer progresar el movimiento real de las masas de la ideología nacionalista revolucionaria al programa socialista, de la organización meramente sindical, a la organización de Partido, de la revolución nacionalista, a la

contra la dictadura", en *El combatiente*, Año I, n° 2, marzo de 1968 y "2, 3, muchos Vietnam", en *El combatiente*, Año VIII, n° 152, enero de 1975. La concepción extrema de esta línea, en el ámbito urbano, fue desarrollada por las Fuerzas Armadas de Liberación (FAL). Sobre ellas, ver Grenat, Stella; *Una espada sin cabeza. Las FAL y la construcción del partido revolucionario en los '70*, Ediciones ryr, Buenos Aires, 2010.

[21]Rousset, Pierre: *Le parti communiste vietnamien*, Maspero, París, 1975, p. 212, citado en AA.VV.: *Vietnam*, Ediciones Transición, México, 1976, pp. 86-87.

revolución socialista".[22] Han pasado más de treinta años de aquellos debates. ¿Qué nos enseña Vietnam al respecto? Veamos.

La revolución vietnamita no fue socialista

El recorrido que acabamos de reseñar nos mostró los principales acontecimientos de una guerra cuyo rasgo más sobresaliente fue la liberación nacional del pueblo de Vietnam. Una guerra que tuvo además un rasgo distintivo que la diferenció de la mayoría de los movimientos insurreccionales surgidos en los años '60 bajo liderazgos alternativos al de los Partidos Comunistas. En Vietnam, las fuerzas nacionalistas fueron íntegramente dirigidas por el Partido Comunista de Indochina (PCI) unido a la Internacional Soviética. De esta manera, bajo la dirección de Ho Chi Minh, el PCI promovió la consolidación de las herramientas políticas programáticas y organizativas (los Frentes de Liberación y el Ejército Popular) que garantizaron su victoria. A pesar de su especificidad, esta ligazón supuso la subordinación del proceso a los lineamientos políticos programáticos de la URSS y, posteriormente, de China. En tal sentido, fue definida por su propia dirección como una revolución democrática, nacional y popular:

"Se denomina revolución democrática porque su objetivo es el de expulsar a los agresores imperialistas y reconquistar la completa independencia y unidad de la nación. Es una revolución democrática porque se propone acabar con los vestigios feudales y semi feudales, realizar la reforma agraria, desarrollar la industria y el comercio, asegurar al pueblo las libertades democráticas. Se define como revolución popular

---

[22]Gilly, Adolfo: "La fuerza teórica de los hechos revolucionarios", Roma, 25 de abril de 1976, en AA.VV.: *Vietnam...*, op. cit., p. 118.

porque es el pueblo el que la realiza, bajo la dirección de la clase trabajadora, con base a la alianza obrero-campesina."[23]

Una revolución que cumplió tareas antiimperialistas y antifeudales, como lo hicieron las revoluciones democrático-burguesas pero que, a diferencia de ellas, buscó establecer el dominio del pueblo. En tal sentido no fue una revolución socialista

"porque no instaura la dictadura del proletariado ni elimina totalmente el sistema de explotación capitalista. Políticamente, establece la dictadura democrático popular y refuerza el papel directivo de la clase trabajadora en el Estado democrático popular [...] Económicamente, establece el sector estatal, y el sector cooperativo de la economía."

En resumen

"esta revolución cumple con las obligaciones propias de una revolución democrático burguesa y se encamina gradualmente a convertirse en una revolución socialista, sin tener que pasar por una explosión revolucionaria [...] se trata de una revolución democrática de nuevo tipo que se realiza en un país agrícola y colonial."

Esta larga apelación a la referencia textual resulta particularmente importante en tanto destaca de manera clara y sintética la naturaleza del proceso político que guió la experiencia vietnamita, poniendo sobre el tapete la enorme distancia que lo separa de un

---

[23]Truong Chinh: "Sobre la revolución vietnamita. Informe presentado como Secretario General del Comité Central al II Congreso del PCI, 1951", en Ho Chi Minh, Le Duan, Truong Chinh: *La revolución vietnamita,* Editorial Nuestro Tiempo, México, 1980, pp. 122-123. Hasta indicación contraria los entrecomillados pertenecen a este texto.

proceso revolucionario en la Argentina de los '70 y, obviamente, actual.

Para triunfar es necesario conocer la historia y la estructura económico-social del país en el que se actúa

La historia de la Argentina es diferente a la de Vietnam. En primer lugar, lo más importante: a lo largo de su historia como nación, Argentina nunca fue ocupada por un ejército extranjero. Situación que contrasta con la de Vietnam que enfrentó en su propio territorio a franceses, japoneses y norteamericanos. El proceso revolucionario de mayo de 1810 y la guerra posterior, supuso la victoria de la burguesía rioplatense sobre el imperio español e implicó la expulsión del nuevo Estado de cualquier presencia extranjera.[24]

De este modo, habiendo cumplido sus tareas democrático burguesas en el siglo XIX, Argentina constituía en 1960-70 un país plenamente capitalista. Planteando, en consecuencia, un enfrentamiento de clases con características muy diferentes a las de una sociedad mayoritariamente campesina y feudal como la vietnamita.[25]

Aquello que resultó exitoso en una estructura social atrasada, cuya característica principal era la inexistencia de una burguesía con el poder suficiente para garantizar el control de un territorio y

---

[24]Sobre este punto ver Schlez, Mariano: *Dios, rey y monopolio,* Ediciones ryr, Buenos Aires, 2010 y Harari, Fabián: *Hacendados en armas,* Ediciones ryr, Buenos Aires, 2009.

[25]Para el caso argentino ver: Sartelli, Eduardo (compilador): *La crisis orgánica de la sociedad argentina,* Editorial de la Facultad de Filosofía y Letras, UBA, Buenos Aires, 2011. Una aproximación a la estructura social vietnamita y a las transformaciones promovidas por la República Democrática de Vietnam en Posse, Miguel Ángel: "Vietnam: la revolución en la guerra", en *Historia del movimiento obrero,* Tomo 5, CEAL, Buenos Aires, 1974, pp. 129-160.

con una población campesina capaz de subsistir por fuera de la tiranía de la fábrica, chocó con una realidad completamente opuesta.

La estrategia de poder se elabora a partir de la realidad

En el plano programático, dada la disparidad estructural, los objetivos políticos prioritarios eran bien distintos. Para Vietnam la expulsión de las fuerzas extranjeras y la reforma agraria eran las tareas más imperiosas que cumplir, mientras que en la Argentina la lucha inmediata por el socialismo era la tarea que se imponía a los revolucionarios.

Esta diferenciación, que influye directamente en el plano estratégico organizativo, tampoco fue tenida en cuenta. En efecto, se sostuvo que aquí había que seguir el camino victorioso de Cuba y Vietnam, casos en los que el estado mayor político-militar nació de un mismo y único proceso. Perdiendo de vista que en nuestro país no existían las determinaciones que impulsaron dichos desarrollos: en esos lugares el partido revolucionario surgió y se consolidó en condiciones de guerra y clandestinidad, en el ámbito rural apoyado en masas campesinas, en condiciones de proscripción política y debilidad relativa del aparato estatal. De allí que, la acción militar en pos de la formación de un ejército popular a partir de formaciones militares irregulares constituyera la forma de lucha principal, el núcleo a partir del cual se consolidaría la dirección hegemónica del partido. Esta concepción lejos de potenciar el desarrollo de nuestras organizaciones, condujo a que su accionar se distanciara aún más de las necesidades objetivas del movimiento revolucionario en la Argentina. Aquí, no había tareas militares inmediatas que cumplir. Al contrario, a partir de la crisis de 1969, se abrió una etapa en la cual la construcción de hegemonía en el interior de la clase obrera y las masas constituyó la tarea primordial de los revolucionarios. Tarea que suponía una feroz batalla contra la ideología reformista burguesa (peronista) de la mayoría de la población.

Naturalmente, este prólogo no pretende agotar el debate, sino abrirlo a las diferentes fuerzas de la izquierda argentina y latinoamericana, cuando la clase obrera a nivel mundial vuelve a exigir que los revolucionarios nos coloquemos a la altura de su desarrollo, y construyamos un Partido que lleve al triunfo las banderas de los compañeros que nos antecedieron en la lucha.

Nuestra edición

Los tres textos que abren la presente edición retoman pasajes de la primera etapa de la lucha por la liberación nacional de Vietnam, desde la formación del PCI en 1930 hasta la proclamación de la independencia en agosto de 1945. En ellos encontramos la descripción de la enorme batalla entablada por el partido en pos de la formación de cuadros y de su tarea de nuclear, organizar y dirigir a las masas.

En el "Nacimiento de un ejército", del general Vo Nguyen Giap, se describe con notable sencillez la formación política de las primeras células partidarias, la clarificación de sus objetivos y, a partir de allí, el paulatino proceso de organización militar. Queda demostrada la estricta correlación que existía entre el desenvolvimiento de la realidad material y el trabajo político encarado por el PCI. En este sentido, nos muestra el despliegue de una fuerza que se desplaza desde las zonas montañosas del norte, alejadas del control militar francés, donde nacen y se consolidan las primeras zonas liberadas, donde se establece el refugio de los líderes y la última fortaleza de los nacionalistas, hasta el sur. Finalmente, en este texto, queda de manifiesto la grandeza política y la enorme capacidad de conducción de Ho Chi Minh. Un jefe atento a los más mínimos detalles de la vida cotidiana del partido y de sus militantes y, a la vez, capaz de calibrar las innumerables variables necesarias para determinar el momento exacto para frenar o desatar una insurrección.

El texto del líder sindicalista Hoang Quoc Viet, "Pueblo Heroico", nos acerca a dos cuestiones que, en general, no se presentan en el imaginario de la guerra de Vietnam: la lucha en las ciudades y la militancia de los presos políticos. Además, ilustra el proceso de incorporación a la militancia política, cuya vigencia constituye un aspecto central para las nuevas generaciones que se suman a las luchas en cada rincón del planeta. Igualmente valioso resulta este acercamiento a la vida de un militante del sur de país, en tanto demuestra la incongruencia argumentativa, formulada por Francia y EE.UU., respecto a la existencia de dos Vietnam: el del Norte y el del Sur.

"Al pie del cadalso", escrito por Le Van Luang, uno de los principales líderes del PCI, es un texto que, como el anterior, vuelve a mostrarnos la acción política dentro de las cárceles. Se destaca la profunda convicción que guió la propia vida de su autor en los años que permaneció recluido. Su contenido da cuenta de cómo la prisión constituyó la escuela de formación para los jefes más lucidos de la historia de Vietnam. Nos revela también la solidaridad del PC francés que realizó campañas para lograr la liberación y la conmutación de las penas de muerte de los presos políticos vietnamitas.

Finalmente, en esta nueva edición, incluimos un texto de Truong Chinh, quien fuera Secretario General del Partido de los Trabajadores de Vietnam y uno de los principales teóricos del marxismo vietnamita. En pocas páginas logra ilustrar las orientaciones estratégicas y tácticas que guiaron el accionar del PCI y de los Frentes Populares (Viet Minh y Lien Viet) a lo largo de todas las fases de la guerra. Ejemplificando la articulación entre dichas orientaciones y la realidad especifica vietnamita en cada de las etapas de la guerra.

Los autores

Vo Nguyen Giap (1912-2013): Era abogado y profesor de historia. Ingresó al PCI en 1933 a instancias de Truong Chinh, uno de los futuros líderes del partido, a quién conoció siendo estudiante universitario. A fines de 1939, ante la persecución desatada contra el PCI, se fugó a China. En represalia parte de su familia fue asesinada, entre ellos su hijo recién nacido, su cuñada, su padre y dos de sus hermanas; su mujer murió en prisión. Este mismo año publicó su primer libro, *La cuestión campesina,* escrito con Truong Chinh, en el que analizaban el papel que debían desempeñar los campesinos como aliados del proletariado en el proceso revolucionario. De regreso en Vietnam organizó las fuerzas armadas de Viet Minh, fundó el Ejército Popular de Vietnam y fue máximo jefe militar de la guerra. En 1954, luego de vencer a los franceses en Diem Bien Phu, fue nombrado Ministro de Defensa de la República Democrática Popular de Vietnam. En las décadas de 1960-70 sumó el cargo de viceministro del nuevo gobierno del Norte. A principios de los '80 se retiró del Poliburó del partido y permaneció simbólicamente en el cargo de vice primer ministro y dirigiendo la Comisión de Ciencia y Tecnología del país. Fue autor de numerosos escritos sobre la guerra.

Hoang Quoc Viet (1905-1992): En 1925 se unió a grupos patrióticos, tuvo a cargo tareas de organización de la lucha por las libertades democráticas, y actuando entre los marineros llevó su agitación hasta las costas de América. En 1941 fue elegido miembro del comité central del PCI. Fue uno de los responsables del PCI en el sur, donde intervino en el frente sindical. Ocupó el cargo de presidente del Viet Minh y de la CGT vietnamita.

Le Van Luong (1912-1995): Fue miembro del PCI desde su fundación y responsable del partido en el sur antes de la Revolución de agosto del '45. Fue miembro del comité central y responsable de organización. Participó en el Consejo de Reforma Agraria en 1953.

Truong Chinh (1907-1988): Fue uno de los líderes teóricos más destacados del PCI. A fines de la década del '30 se convirtió en el director político de todos los órganos de opinión del Partido en Tonkín. Entre 1941 y 1957 fue Secretario General del partido. Llevó adelante la reforma agraria en el norte a comienzos de los '50. Fue presidente de Vietnam en 1981. En 1986, luego de la muerte de Le Duan, volvió a ocupar el cargo de Secretario General del partido. Entre otros textos, en 1947 publicó *La resistencia vencerá*, en el que propagandizó la línea político militar ideada por Ho Chi Minh que guió toda la guerra: "una resistencia de todo el pueblo, en todos los frentes, de larga duración y que se apoya en nuestras propias fuerzas".

Para seguir…

Para una aproximación a la biografía de Ho Chi Minh ver, Barbu, Noel: "Ho Chi Minh", en AA. VV.: *Hombres del Tercer Mundo,* CEAL, Buenos Aires, 1973, pp. 97-128.

La descripción y denuncia de las terribles condiciones de vida de los vietnamitas bajo la dominación colonial francesa aparece en Ho Chi Minh: *Proceso a la colonización francesa*, varias ediciones. También en Chomsky, Noam: *La guerra de Asia*, Ariel, Barcelona, 1970.

La formación del Ejército Popular, la relación entre la guerra de guerrillas y la formación de una fuerza militar regular y el rol del partido en este proceso es detalladamente presentado en Vo Nguyen Giap: *Guerra del pueblo, ejército del pueblo,* Era, México, 1979. En este texto encontramos la descripción exhaustiva de la batalla de Diem Bien Fu.

Recomendamos también *La resistencia vencerá,* La rosa blindada, Buenos Aires, 1974, de Truong Chinh que, escrito en 1947, constituye una obra de propaganda fundamental en la ardua tarea de formación ideológica del pueblo.

Una aproximación a la estructura social vietnamita y a las transformaciones promovidas por la República Democrática de Vietnam en el texto ya citado de Miguel Ángel Posse: "Vietnam: la revolución en la guerra", *Historia del movimiento obrero,* Tomo 5, CEAL, Buenos Aires, 1974.

Para la descripción y el análisis de la ofensiva final de 1975 recomendamos el texto de Vo Nguyen Giap y Van Tieu Dung: *El arte de la guerra miliar revolucionaria.*

Datos sobre el proceso de desmantelamiento de la economía centralizada y de restauración del capitalismo en Vietnam en Magro, Bruno: "¿Buenos días, Vietnam?", *El Aromo,* n° 52, enero/febrero de 2012.

En el cine hay mucho para ver, desde *Apocalypse Now* (1979) de Coppola hasta la famosísima *Rambo*. *Pelotón* (1986), *Nacido el 4 de julio* (1989) y *El cielo y la tierra* (1993), las tres de Oliver Stone, no pueden dejar de verse. Lo mismo que *Forrest Gump* (1994) de Robert Zemeckis, cuya trama, sin ser estrictamente sobre la guerra, desnuda la crítica interna contemporánea a ella. Sobre la batalla de Drang, y reivindicando la actuación norteamericana en Vietnam, fue realizada la película *Cuando éramos soldados*, interpretada por Mel Gibson.

La guerra desde el punto de vista de los medios de comunicación yanquis se examina en *Vietnam y las fantasías norteamericanas*, de H. Bruce Franklin (Final Abierto, Buenos Aires, 2008). Otro análisis ideológico que incluye el período de la guerra de Vietnam es *El fin de la cultura de la victoria*, de Tom Engelhardt (Paidós, Barcelona, 1997). Un análisis más general del "frente interno" americano, en Zinn, Howard: *La otra historia de los Estados Unidos*, Siglo XXI, Madrid, 1999.

Nacimiento de un ejército

Vo Nguyen Giap

1. Cao Bang: Ho Chi Minh regresa al país

El movimiento revolucionario se implantó muy pronto en la provincia de Cao Bang. A partir de 1929 la Asociación de jóvenes revolucionarios tenía allí varios grupos. Posteriormente, cuando fue creado el Partido Comunista Indochino, Cao Bang poseyó a su vez sus propias células. Las organizaciones de base del Partido consiguieron mantenerse a pesar del terror blanco, hasta la época del Frente popular, en la que la llamarada revolucionaria conquistó a la masa. Varios motines saludaron con entusiasmo al Congreso nacional del Partido, mientras los mineros de Tinh Tuc daban la señal para el inicio de las luchas reivindicativas. Cuando estalló la Segunda Guerra Mundial las colonias francesas cedieron en toda la línea frente a los fascistas japoneses, pero lanzaron a sus mejores tropas contra el movimiento revolucionario. Cao Bang conoció los efectos de la represión. Nuestros cuadros y nuestros militantes pasaron a la clandestinidad y lograron, a pesar de enormes dificultades, conservar las organizaciones y mantener vivo el movimiento.

En esta hora crítica, el presidente Ho Chi Minh llegó a la región fronteriza chino-vietnamita; allí se encontró con un reducido grupo de emigrados, que incluía a los camaradas Phung Chi Kien,

Pham Van Dong, Hoang Van Hoan, Vu Anh y yo mismo. Después del armisticio de 1940 en Francia, el tío Ho[1] había creído que lo esencial para nosotros era volver inmediatamente al país para establecer contacto con el Comité Central y extender nuestra red. Lo que, en efecto, fue realizado. En los primeros tiempos permanecimos provisionalmente en algunas localidades chinas próximas a la frontera. Era una región por la que ya había pasado el Ejército chino, que había efectuado un eficaz trabajo político. La población se mostró bien dispuesta hacia nosotros a partir del momento en que conoció nuestras intenciones. Hizo incluso cuanto pudo para ayudarnos.

Un determinado número de cuadros y de militantes de Cao Bang –los camaradas Le Quang Ba, Hoang Sam, Bang Giang, etc... – habían tenido que refugiarse en China para escapar a las persecuciones. Tuvieron la suerte de encontrarse con el tío Ho, que había decidido unirlos a nuestro grupo para completar su formación política antes de que volvieran a atravesar la frontera para establecer las primeras bases de la organización de la Liga Viet Minh en el país. Este curso político acelerado se efectuó en un pueblo chino muy próximo a la frontera. El tío Ho lo preparó minuciosamente. Nos hizo discutir el programa, que fue adoptado en común. Seguidamente, repartió entre nosotros la redacción de las seis o siete lecciones. Teníamos que componer previamente un detallado plan de cada una de las exposiciones y someterlo a discusión colectiva antes de desarrollarlo por escrito. El texto definitivo debía ser examinado nuevamente en común en el transcurso de una reunión. El tío Ho exigía que las lecciones estuvieran adaptadas al nivel de la masa: claras en su contenido, simples en sus términos. Estos cursos fueron impresos posteriormente con el título de “El camino de la liberación”.

---

[1]Apelativo cariñoso con que los vietnamitas nombran al fallecido Presidente Ho Chi Minh (N. del T.)

Este primer curso de formación política de los cuadros de la Liga Viet Minh constituyó un gran éxito. Eran las vísperas de la Fiesta del Têt (Año nuevo lunar). Los militantes atravesaron la frontera llenos de confianza. Después del Têt, el tío Ho regresó a su vez al país. Estableció su puesto de mando en la gruta del Pac Bo, en el seno de un macizo montañoso de dos a tres kilómetros de largo por cinco a seis de ancho, a solamente un kilómetro de la frontera. Las minorías Nung que pueblan esta región están diseminadas en minúsculos conglomerados encaramados en el flanco de las montañas o enclavados en estrechos valles. El lugar no dejaba de ser pintoresco, con sus plantaciones de arroz engastadas en la espesa jungla y sus montañas abruptas. Una lujuriosa vegetación disimulaba casi totalmente la entrada de la cueva; incluso estando cerca era difícil reparar en ella. Muy profunda, estaba suspendida sobre un encantador arroyo cuyas aguas formaban, no muy lejos, un estanque de regulares proporciones, una especie de lago en miniatura. El arroyo transcurría por un caprichoso encabestramiento de rocas en el que grandes estalactitas descendían sobre enormes bloques redondeados por la erosión. Allí era donde iba a trabajar diariamente el tío Ho, a no ser que fuera a dar un curso político a un pueblo de los alrededores. Retornaba a la gruta para comer. Allí hacía mucho frío, pero por la noche podía permitirse, afortunadamente, encender fuego sin temor a ser descubierto.

El tío Ho, que atribuía una extrema importancia a la vigilancia, velaba siempre para que todos guardaran un secreto absoluto en lo concerniente al cuartel general. Al menor indicio de peligro, daba la orden de cambiar de lugar inmediatamente. Una vez, tuvimos conocimiento de que el enemigo había empleado espías en la región. Inmediatamente nuestro puesto de mando se internó más profundamente en la jungla. El nuevo emplazamiento ofrecía gran seguridad: para llegar a él era preciso remontar el curso de un río, franquear varias cascadas y escalar numerosas pendientes escarpadas. La sede del puesto de mando no era más que una choza perfectamente escondida bajo un espeso ramaje de grandes raíces. Desgraciadamente el lugar era tan oscuro, incluso en pleno día, que para trabajar, debíamos ascender a lo alto de la montaña. Posteriormente, y siempre como medida de precaución, nuestro cuartel se trasladó a otra cueva, extremadamente reducida, que apenas podía albergar tres o cuatro camas. Los días de mucha lluvia, las serpientes y otras alimañas venían a hacernos compañía.

Esta vida de seres clandestinos y acosados era extremadamente dura. Para guardar la salud, condición primordial de un buen trabajo, el tío Ho observaba unas reglas muy estrictas. Se levantaba muy temprano: cada día, invariablemente, era él quien nos despertaba. Hacíamos conjuntamente algunos movimientos gimnásticos; después comenzaba la jornada de trabajo. Por la noche, debido a que no teníamos petróleo para nuestras lámparas, nos reuníamos alrededor de una fogata. Las horas de las comidas eran respetadas, también, escrupulosamente, aun cuando normalmente fueran muy escasas. Muy pocas veces nuestro menú consistía en un pequeño plato de carne, que bautizamos con el nombre de "carne Viet Minh". Esta es la receta: un cuarto de carne asada, cortada y triturada, muy abundante sal gruesa. Organizábamos algunas veces una partida de pesca para mejorar nuestra alimentación.

Bebíamos el agua de la fuente, pasada a través de un filtro hecho con carbón, rocas y arena. A pesar de estas precauciones, ninguno de nosotros escapó al paludismo. El tío Ho sufría constantemente ataques de fiebre. Durante sus crisis se negaba, a pesar de nuestras súplicas, a descansar y continuaba presidiendo nuestras reuniones.

Posteriormente, cuando se amplió el movimiento, nuestro puesto de mando se desplazó a Lam Son, cerca de Nuoc Hai, al fondo de un valle encajado en una cadena montañosa cuyo acceso era extremadamente difícil. Denominábamos a este lugar el "Bolckhaus Rojo" debido a que estaba rodeado de montañas de color rojizo y a que servía desde hacía mucho tiempo de centro de reunión a los revolucionarios. El tío Ho conservaba siempre el mismo modo de vida, simple y frugal. La estancia en las grutas y la jungla había minado su salud. Cuando la situación evolucionaba favorablemente, el aprovisionamiento mejoraba y nuestra vida material se hacía más satisfactoria. Pero; cuando el enemigo intensificaba la represión, nuestro cuartel general se hundía más profundamente en la jungla, y el aprovisionamiento se hacía difícil. Más de una vez tuvimos que refugiarnos entre las minorías "Man Trang" que, debido a la falta de arroz, se alimentaban con maíz. Durante largos meses tuvimos que comer la sopa de maíz. La salud del tío Ho empeoraba a simple vista.

Pero nunca, durante toda esta permanencia en Viet Bac, estuvo el tío Ho tan gravemente enfermo como después del golpe de fuerza fascista japonés en 1945. Habíamos ya liberado una amplia zona que no cesaba de extenderse. Habíamos descendido con el tío Ho de Cao Bang a Tan Trao. Era el mes de julio de 1945, en el febril período de preparación del Congreso Nacional que había sido decretado por el Comité Central. El cuartel general del comando provisional de la zona liberada estaba instalado en una casa del pueblo de Tan Trao, cerca de un gran baniano que luego fue histórico. Yo me encargaba de la permanencia del puesto de comando. El tío Ho se alojaba en una pequeña choza situada en el flanco de la montaña, próxima al pueblo.

La larga marcha que había tenido que efectuar para trasladarse de Cao Bang a Tan Trao le había agotado. Cayó gravemente enfermo después de un período de gran debilidad; la fiebre no lo dejaba. Al principio aún podía ingerir un poco de sopa de arroz. Posteriormente su dieta se redujo a la harina de arroz diluida en agua. A veces deliraba. Pese a que nuestra provisión de medicamentos había mejorado, teníamos únicamente algunos comprimidos de quinina y varias ampollas de aceite alcanforado. Yo me presentaba ante él cada día para leerle mi informe. Su estado me angustiaba, pero cada vez que me inquietaba por su salud él me tranquilizaba e insistía para que volviera al puesto de mando para resolver los asuntos normales. Al séptimo día de enfermedad, lo encontré peor. Como de costumbre, después del informe, me despidió. Pretextando que no me aguardaba ningún asunto urgente insistí en permanecer a su lado. Tenía conciencia, sin duda, de su estado y aceptó. Durante la noche se despertó varias veces, llamándome en cada una de ellas. Presentí confusamente que quería comunicarme cosas de capital importancia antes de que fuera demasiado tarde...

Con su voz tranquila, remarcando cada palabra, me dijo: "Esta vez la coyuntura nacional e internacional nos es extremadamente favorable. Nuestro Partido no debe dejar escapar la ocasión. Debemos tomar la dirección de la lucha nacional para la conquista de la independencia, cueste lo que cueste, incluso si debe arder toda la cordillera vietnamita." Se interrumpió un momento para recobrar el aliento y prosiguió:

"Cuando el movimiento revolucionario gana terreno, como ocurre actualmente, es precisamente entonces cuando debe procurar consolidar sus bases: reforzar ideológicamente los elementos seguros, formar cuadros. Es preciso crear cursos acelerados con el propósito de formar a tiempo a los militantes locales, y dedicarse particularmente a construir células de manera que se pueda mantener el movimiento en los momentos críticos. En cuanto a la lucha armada, a partir del momento en que las circunstancias sean favorables, será preciso continuarla resueltamente y extenderla, pero sin olvidar consolidar nuestras bases para evitar cualquier tropiezo."

Estas recomendaciones parecían ser su última voluntad. Hice inmediatamente un detallado informe de su estado de salud al Comité Central. Al mismo tiempo, solicité a todos los camaradas que consultaran a la población local. Los ancianos del lugar vinieron entonces en ayuda nuestra. Nos indicaron la dirección de un médico tradicional, reputado por sus conocimientos en el tratamiento de ese tipo de fiebre. Aquella misma noche fue enviado un mensaje al médico, que llegó a la mañana siguiente. Tomó el pulso al enfermo y se dirigió al bosque en el que desenterró una especie de tubérculo. Lo hizo quemar y derramó las cenizas en una taza de arroz que hizo tomar al enfermo. El tío Ho no tardó en sentirse mejor y algunos días más tarde estaba totalmente restablecido.

Se puede comprender nuestra alegría. Pero nunca supimos el nombre del tubérculo milagroso que curó tan rápidamente al tío Ho.

Regresemos ahora a Cao Bang, a los tiempos en que el Presidente residía en Pac Bo. Los camaradas Phung Chi Kien y Vu Anh ya estaban allí. El camarada Lam (nombre de guerra de Pham Van Dong), el camarada Ly (nombre de guerra de Hong Van Hoan) y yo mismo, en misión en Tsin Si (China) circulábamos entre esta ciudad y Kouei Lin. Ibamos a menudo a Pac Bo para dar nuestros informes al tío Ho y para recibir instrucciones. De vez en cuando, y acompañado por el camarada Phung Chi Kien, venía a nuestro encuentro, en un lugar situado a medio camino entre Pac Bo y nuestra residencia. Muy paciente, podía caminar sin fatiga decenas de kilómetros a pie de una sentada. Una vez lo encontramos, como había sido convenido, en nuestro lugar de reunión situado en un mercado en China. Uno de nuestros camaradas que acababa de atravesar la frontera le dijo:

—¡El camarada X ha sido detenido!

Pero el tío Ho, sin dar importancia a la noticia nos invitó a entrar en el albergue y encargó la comida. Únicamente después de haber comido abrió la proyectada reunión. Tomó la palabra en primer lugar, dirigiéndose al mensajero:

—Haz ahora tu informe. Ocurra lo que ocurra es necesario no perder nunca la serenidad.

Cada vez que volvíamos al puesto de mando para encontrar al tío Ho teníamos la impresión de encontrarnos en nuestra propia casa.

—El Partido, decía a menudo, es la gran familia de los comunistas.

En las horas de erupción del movimiento, los militantes que traían junto con ellos la febril ebullición de los órganos de base, encontraban a su lado una atmósfera serena que les recordaba inmediatamente que la lucha revolucionaria sería aún larga. En las horas sombrías, cuando el enemigo sembraba el terror entre la población desesperada, encontraban también, al retornar de su misión, esa misma atmósfera serena de la que se desprendía una inquebrantable confianza. Inapreciable lección: en los momentos sombríos no había pesimismo; en los momentos de triunfo, no había un exagerado optimismo. El tío Ho supo comunicarnos maravillosamente su inquebrantable fe en la victoria de la revolución.

—Hacer la revolución, afirmaba, es un trabajo de largo alcance, un trabajo que exige tenacidad y perseverancia. Cualquier decisión debe ser madurada y no debe ser tomada nunca a la ligera.

Así pues, cuando regresábamos de nuestras misiones, si nada exigía una solución urgente, observábamos generalmente la siguiente regla de trabajo: el tío Ho planteaba el problema a debatir y nos dejaba un cierto tiempo para reflexionar. Seguidamente tenía lugar la reunión y las discusiones. Sus directrices eran siempre muy precisas y muy prácticas. Y cuando, después de minuciosas discusiones, adoptábamos las resoluciones finales, exigía que las realizáramos costara lo que costara. Se dedicaba también a controlar efectivamente nuestro plan de trabajo, fuera cual fuera su importancia. De mi permanencia junto a él extraje las siguientes enseñanzas: para fijar la línea de la revolución es preciso ver el conjunto y ver lejos, pero en el momento de pasar a la ejecución, es preciso atribuir una gran importancia a los menores detalles prácticos. Descuidar los detalles es comprometer las grandes líneas.

A partir del momento en que su puesto de mando fue establecido en Pac Bo, el tío Ho dio inmediatamente la orden de hacer aparecer el Viet Lap (Vietnam Independiente). Este periódico aparecía clandestinamente una vez por semana, impreso en dos páginas de pequeño formato. Los artículos, breves y sencillos, se imprimían en grandes caracteres, en litografía. Como nos parecían demasiado breves y excesivamente simplistas, nos propusimos enriquecer el· contenido y utilizar caracteres más pequeños para mejorar la presentación y aumentar el número de artículos. Pero el tío Ho defendió su preferencia por los artículos cortos, en grandes caracteres. No tardamos en constatar, mediante la experiencia, la eficacia práctica del Viet Lap en nuestra labor de propaganda y organización. La influencia del periódico no provenía únicamente de la precisión de su línea política, sino también de la simplicidad de su forma: la primera condición para despertar la conciencia de las masas y hacerlas progresar es la de abordar los problemas que las afectan directamente en términos que puedan comprender.

Como consecuencia el periódico hizo progresos, fue publicado en cuatro páginas con una mejor presentación. Debía continuar obteniendo un gran éxito entre la población.

El tío Ho atribuía una gran importancia a la formación ideológica de los cuadros. Había traducido al vietnamita la Historia del Partido Comunista (bolchevique) de la U.R.S.S. Había dactilografiado personalmente esta traducción en algunos ejemplares que nos servían como documento para nuestros estudios.

Permanecía, no obstante, en estrecho contacto con la población local: iba a menudo a visitar a los viejos o enseñaba a los jóvenes a leer. Amaba mucho a los niños. Con su chaqueta de color índigo a la moda de las minorías Tho se le hubiera podido confundir con un campesino de la región. La población le denominaba respetuosamente "ong ke", expresión reservada a los ancianos del pueblo.

En el mes de marzo de 1941, presidió, en Pac Bo la Octava Conferencia Ampliada del Comité Central. Esta reunión debía adoptar históricas decisiones. Definiendo la nueva línea del Partido hizo de la liberación nacional el objetivo número uno para todo el pueblo. Decidió igualmente la organización de la Liga por la Independencia del Vietnam (Viet Minh), y eligió las bases de Bac

Son-Vu Nhai y de Cao Bang, como núcleos de preparación para la insurrección armada en el Viet Bac.

2. El movimiento se arma

A la larga, nuestras actividades en China fueron descubiertas por los agentes del Kuomitang. Recibimos la orden de regresar al país para una nueva misión.

A finales de 1941 el camarada Tong (uno de los seudónimos de Pham Van Dong) y yo, atravesamos la frontera; el movimiento había empezado ya en Cao Bang; en muchos otros lugares únicamente comenzaba a iniciarse.

La Liga Viet Minh ya estaba presente en numerosos distritos. Las minorías Tho y Nung se adherían entusiásticamente a las Asociaciones para la salvación nacional. Jóvenes de ambos sexos estaban al frente, tanto en la elaboración de la propaganda y la organización como en el adiestramiento militar. Las mujeres no eran las menos decididas. En numerosas regiones los niños también se enrolaban y servían como agentes de conexión o como espías. Las células del Partido ganaban terreno en los distritos en los que el movimiento era particularmente poderoso. Distritos "al cien por cien" hicieron paulatinamente su aparición, y posteriormente los cantones, etcétera.

En estos distritos el Comité Viet Minh sustituía totalmente a las autoridades legales para arreglar todos los asuntos, desde la celebración de matrimonios hasta las protestas en relación con los arrozales. La mayor parte de los notables se unían a nuestra causa, unos simpatizando con el movimiento, otros militando abiertamente en el seno de las asociaciones para la salvación nacional. Los escasos elementos reaccionarios se encontraban políticamente aislados y estrechamente vigilados. Una especie de doble poder se establecía en la base: los notables, antes de dirigirse al distrito o a la provincia, venían a solicitar las directrices al Comité Viet Minh y, a partir de su retorno al pueblo, le hacían un detallado informe.

Lo mismo ocurría con los milicianos. La mayor parte de ellos estaban en relación con nosotros y eran más o menos simpatizantes. Para refrenar el impulso revolucionario las "autoridades superiores" habían dado la orden a los escalones subalternos de reforzar la vigilancia. Cada pueblo tenía dos o tres puestos de guardia. Pero los milicianos y la población local, que estaban de nuestra parte, hacían que estos puestos del enemigo se convirtieran de hecho en nuestros, y un cierto número de ellos sirvieron para nuestras redes de relación clandestina.

El movimiento había alcanzado, asimismo, las alturas habitadas por la minoría de los "Man blancos". Estos montañeses llevaban una vida extremadamente miserable, en regiones áridas, difícilmente accesibles. Escasos senderos, muy accidentados, escalaban estas escarpadas montañas. Los Man, explotados por los colonialistas franceses y sus lacayos, mandarines y notables, no esperaban más que una ocasión para sublevarse. Manifestaron una gran alegría cuando vieron por primera vez a los cuadros del Viet Minh. Se sorprendieron al ver a los Kinh, Tho y Man, que la política colonialista había enfrentado anteriormente entre sí, unirse fraternalmente a partir del momento en que militaban en el seno de las asociaciones para la liberación nacional. La organización del Partido apareció bien pronto entre ellos.

La unión nacional era uno de los rasgos más importantes del movimiento. Desde los primeros días de lucha clandestina en Cao Bang habíamos organizado con éxito varios encuentros amistosos entre los delegados de las diferentes minorías, Tho, Man, Nung, Kinh, China, etc... Varias delegaciones de Man habían efectuado visitas de cortesía al valle. Todas ellas fueron recibidas calurosamente por parte de la población local. Cuando regresaban informaban fielmente a sus compatriotas sobre sus impresiones. Organizábamos periódicamente, en los valles y en las altas regiones, pequeñas exposiciones de fotografías y grabados sobre los crímenes de los colonialistas franceses y de los fascistas japoneses, y sobre la importancia de las fuerzas revolucionarias. En esa ocasión mostrábamos las armas y la bandera de la Revolución, dábamos a conocer la U.R.S.S. y la revolución mundial.

Algún tiempo más tarde el Comité de Cao Bang fue reorganizado. A principios del mes de noviembre de 1942 se celebró el Congreso de la Liga Viet Minh de Cao Bang, en el curso del cual fue elegido el Comité provincial. El aparato de organización de la Liga estaba, a partir de entonces, instalado, del escalón del municipio al de la provincia, pasando por el cantón y el distrito. En los municipios y distritos "al cien por cien" se organizaron elecciones democráticas a partir del escalón municipal. Después de lo cual fue formado el Comité Interprovincial Cao-Bang-Lang (provincias de Cao Bang, Lang Son y Bac Can).

Atribuíamos la mayor importancia a la educación política para apoyar el movimiento.

—Es preciso ganar al pueblo, decía el tío Ho, antes de abordar el problema de la insurrección.

Para extender y consolidar las organizaciones de base se abrieron numerosos cursos de formación política acelerada en los distritos. Pero a los militantes de base no les gustaba demasiado abandonar sus pueblos ni sus aldeas: esto dificultaba su trabajo en el campo, sin contar que corrían el riesgo de "quemarse". Para evitar estas dificultades los "instructores" fueron organizados en equipos móviles. Cada localidad tenía que preparar un centro clandestino, alejado del pueblo, al que iban los militantes paulatinamente con víveres para seguir los cursos durante cinco o siete días. Al cabo de un cierto tiempo casi todos los militantes de los pueblos habían pasado por estos cursos. El Comité interprovincial decidió abrir nuevos cursos, a un nivel superior, que recibirían igualmente los jóvenes de ambos sexos que no formaran parte de los Comités ejecutivos de las organizaciones de base. Eran numerosos los elementos de confianza que, en las asociaciones para la liberación nacional, solicitaban seguir estos cursos. Al final de cada uno de ellos organizábamos, invariablemente, una pequeña fiesta amistosa a la que eran invitados los delegados de todos los estratos de la población; en ellas se cantaba y se bailaba y también se buscaban nuevas fuerzas para las tareas del futuro.

El tío Ho enseñaba directamente a los militantes y a veces a los campesinos, en la cercanía del puesto de mando. Los militantes locales, excepto un pequeño número, desconocían el vietnamita. Las mujeres, principalmente, lo ignoraban completamente. El tío Ho nos recomendó insistentemente que aprendiéramos el Tho. Con los Man Blancos debíamos recurrir al dibujo para que pudieran captar nuestras ideas. Para hacer comprender que los franceses y los japoneses explotaban a nuestro pueblo, representábamos a un francés y a un japonés golpeando a vietnamitas o a un campesino aplastado bajo el peso de los impuestos y los trabajos no remunerados. Dibujábamos también a un Kinh, un Man y un Tho caminando cogidos por la mano, para subrayar la necesidad de la unión nacional contra el invasor. Solamente más tarde las minorías Man tuvieron su propia escritura. El contenido de estos cursos era muy sencillo: después de la sumaria exposición de la situación nacional e internacional, explicábamos por qué debíamos emprender la lucha contra los franceses y los japoneses; hablábamos seguidamente de la preparación para la insurrección armada, de la organización de asociaciones para la salvación nacional, de los destacamentos de autodefensa y, finalmente, de los cinco puntos de trabajo clandestino. Enseñábamos también la forma de presidir las reuniones, de hablar en público, etcétera.

Yo era responsable de uno de estos grupos de instructores. Nuestro campo de actividades se extendía a las regiones de Hoa An, Nguyen Binh, pobladas de minorías Man Blancos. Todos estos cursos políticos obtuvieron un gran éxito. Sin embargo, me ocurrió un incidente del que me acordaré durante mucho tiempo: un buen día, creí actuar bien al explicar a los militantes, al margen del programa habitual, las cuatro contradicciones de la coyuntura internacional. Después de la última lección, uno de los mejores elementos, que denominaremos De Tahm, levantó la mano para pedir la palabra:

—Le ruego que me permita retirarme de la Asociación.

—¿Por qué, camarada?

—En la Liga estoy dispuesto a hacer todo lo que se me ordene. Pero estos estudios son demasiado difíciles. No consigo meter todo esto en mi cabeza y tengo miedo de no estar a la altura.

Acababa de recibir una buena lección: me había esforzado por componer un programa fácil de comprender que respondiera al nivel de mis alumnos, y he aquí que el camarada De Tahm solicitaba abandonar nuestras filas porque había añadido a mi curso... las cuatro contradicciones.

Hacia finales de 1941 el tío Ho dio la orden, desde Pac Bo, de organizar el primer destacamento armado de Cao Bang; el grupo incluía a los camaradas Hoang Sam, Bang Giang, Le Thiet Hung, Duc Thanh, Tho An, etc..., bajo el mando del camarada Le Quang Ba. El destacamento tenía por misión asegurar la protección del puesto de mando, de consolidar y mantener la red de comunicaciones, a la vez que participaba en la formación militar de los milicianos de autodefensa y de los de choque.

En las regiones conquistadas por el movimiento revolucionario, la población, que se adhería en masa a los frentes para la liberación nacional, organizó entre los jóvenes destacamentos de autodefensa. El problema de la formación militar se planteó imperativamente. De todas partes se reclamaban cuadros militares; éstos escaseaban cruelmente. Aquellos de nosotros que poseían algunos rudimentos tuvieron, por tanto, que participar en este trabajo. Tal fue el caso de los camaradas Thiet Hung, Le Quang Ba, Hoang Sam y Cap. Fue necesaria la edición de folletos. El tío Ho redactó un texto sobre la táctica de guerrilla, en términos sencillos, fáciles de comprender.

Por su parte el Comité interprovincial dio la orden de componer el programa de formación militar y decidió la adopción de mandos unificados. No era una labor fácil ya que era totalmente nueva para nosotros. Cuando, por falta de práctica en el mando, el simple hecho de cantar "uno, dos" resulta embarazoso para los monitores, ¿qué se puede decir con respecto a la tropa?

El movimiento de entrenamiento militar tomó un gran impulso. Cada período duraba de cinco a siete días, siempre y cuando lo permitieran las labores agrícolas. Cuando todas las organizaciones de autodefensa hubieron recibido la instrucción militar, se crearon destacamentos de autodefensa y de asalto, cuyos miembros se eligieron entre los milicianos más intrépidos. Se puede afirmar que en los pueblos "al cien por cien", prácticamente todos los jóvenes entraron en las formaciones de autodefensa y siguieron uno o, incluso, dos períodos de entrenamiento. Cada pueblo contaba con una o dos secciones de autodefensa y de asalto bien organizadas y entrenadas. Simultáneamente el Comité interprovincial organizaba cursos para formar a los cuadros militares. Estos cursos duraban generalmente un mes, con unos cincuenta o sesenta alumnos por promoción.

A pesar de todos los impedimentos debidos a la clandestinidad, las escuelas edificadas en la selva no dejaban de tener envergadura. La sorpresa del enemigo fue total cuando logró descubrir el emplazamiento de la escuela militar de la tercera promoción del cantón del Kim Ma: encontró grandes edificios cubiertos con hojas de palmera, lo suficientemente amplios para albergar a centenares de personas. No faltaba nada: anfiteatro, dormitorios, refectorios, salas de armas, terrenos de ejercido de cincuenta, sesenta gradas... A finales de 1943 se pudo asistir, en la región de Nuoc Hai, en el distrito de Hoa An, a revistas de tropas y maniobras que incluían de cuatro a quinientos, e incluso a veces, mil combatientes en una región que englobaba varios cantones. Este rápido crecimiento de las fuerzas armadas tradujo perfectamente el ambiente entusiasta que preludiaba a la insurrección general.

El aprovisionamiento en armas y municiones planteaba también serios problemas. Cada miliciano de autodefensa debía procurarse el arma por sus propios medios: sable, puñal, carabina de caza o fusil. En ciertos lugares, era la propia población la que, mediante el dinero recolectado, compraba en China los mosquetones de fabricación local. Cada miliciano debía proveerse de un rollo de cuerda para entrenarse a capturar a los traidores. El Comité interprovincial decidió instalar una fundición para intentar fabricar granadas y minas. Situada bajo la responsabilidad del camarada Cap, este taller tenía cinco o seis obreros. Las materias primas eran suministradas por la población local que enviaba los platos de cobre, las marmitas de bronce o los recipientes de hoja de lata. La elección del emplazamiento fue delicada: se decidió instalarla finalmente en un valle situado detrás de la cadena montañosa del Bolckhaus Rojo, lo que apagaba los ruidos de los martillos sobre el yunque. Después de algunos meses de abrumadores ensayos, se creó la primera mina. En el ensayo, cada una de sus partes, tomadas separadamente, dio plena satisfacción. El día D, los camaradas Vu Anh y Tong me invitaron a ver la explosión de la mina. El lugar escogido estaba próximo a la fundición, en un anfiteatro de altas paredes rocosas. La mina fue situada en una pequeña cavidad al pie de la montaña, mientras que los "espectadores" se situaban en las alturas, detrás de gruesas rocas para protegerse de la explosión. Una cuerda de cien metros provocaba la detonación. Aguardamos con el corazón en un puño. El camarada Cap gritó: "¡Fuego!". Teníamos los ojos fijos en la mina. De ella se desprendió un poco de humo... después nada más... ni la más mínima explosión.

Un camarada de las minorías Tho empezó a reír y dijo en su dialecto: "Te nang du Ty" (está aún en el mismo lugar).

De esta forma fracasó nuestro primer intento. Pero el camarada Cap no se desanimó. Continuó efectuando investigaciones y acabó triunfando.

Esta famosa fundición funcionó hasta la Revolución de Agosto, y posteriormente fue ampliada: se convirtió en el taller de armamento Lam Son, que prestó inmensos servicios en el curso de la resistencia y suministró regularmente al frente armas y municiones. La fundición del Bolckhaus Rojo fue, por así decirlo, nuestro primer taller de armamento.

3. La marcha hacia el sur

A partir de su regreso al país, desde la frontera, el tío Ho se había dedicado constantemente a mantener contacto con el Comité Central que se encontraba en el delta. Cuando la octava Sesión del Comité Central decidió la formación de dos bases revolucionarias en Viet Bac, la relación entre Cao Bang y la región de Bac Son-Vu Nhai se convirtió en una imperiosa necesidad.

Aparte de nuestra red de comunicación clandestina, nos era preciso organizar con toda urgencia entre Cao Bang y el delta nuevas redes entre las poblaciones locales. De esta forma, en caso de represión, podíamos mantenernos en contacto y preservar las posibilidades de contrataque.

Para establecer la unión en dirección al delta, debíamos pasar por regiones habitadas por los Tho y los "Man con *sapeques*"[2] Empezamos un trabajo de agitación entre estos últimos. Al igual que los Man Blancos los Man con *sapeques* son rectos y honrados. Ellos también estaban hartos de los franceses y .estaban dispuestos a la insurrección. La hospitalidad y la colaboración con los demás constituían en ellos una tradición. Estaban entusiasmados por la idea de unirse a una liga para expulsar a los colonialistas y fascistas,

---

[2]Grupos de Man, cuyas mujeres llevan *sapeques*, pequeñas monedas de oro.

pero no daban toda su confianza hasta después de haber prestado un juramento solemne según los ritos tradicionales. Para probarles nuestras buenas intenciones tomamos parte en estas ceremonias. Prometimos unirnos como los hermanos en el seno de una misma familia para expulsar de nuestros pueblos a los japoneses y a los franceses en nombre de la Patria, según el programa de la Liga Viet Minh; juramos permanecer solidarios en los momentos más críticos, no traicionar jamás la Liga, incluso bajo los efectos de las torturas. Para sellar nuestra promesa hundíamos una barrita de incienso encendido en agua o cortábamos con un solo golpe de machete la cabeza de un pollo.

A partir del momento en que el movimiento adquirió una cierta extensión el enemigo desencadenó la represión. Unidades de Ngan Son, Nguyen Binh y Cao Bang ascendieron hasta el cantón de Kim Ma que rodearon. Bloquearon todas las vías de comunicación, carreteras y pistas, para perseguir a nuestros militantes y desbaratar nuestros servicios clandestinos. Por mi parte estaba a punto de empezar un curso político con el camarada Thiet Hung y, además, sufría una crisis de paludismo. La población nos aconsejó que abandonáramos la región: "Esta vez se trata de una gran operación. Las tropas han venido hasta aquí para deteneros. Más vale suspender momentáneamente las actividades de la Liga y retirarse hacia la selva". Cuando supieron la noticia el tío Ho y el Comité interprovincial nos enviaron emisarios para hacernos regresar al puesto de mando. Pero creíamos que en tales condiciones nuestra partida podría provocar el hundimiento de las organizaciones de base y solicitamos permanecer en el lugar.

Aquel mismo día el enemigo se entregó a la caza sin piedad. Conducidos por los camaradas Khanh y Lac caminamos bajo una diluviante lluvia en línea recta a través de la jungla y los campos, evitando las veredas durante toda la noche. Por la mañana habíamos escalado crestas y descendido pendientes. Al mediodía la niebla era tan espesa que no se veía absolutamente nada que estuviera situado a más de tres metros de distancia. En plena madrugada, cuando la niebla se hubo disipado, nos encontramos en lo alto de un pico sin vegetación situado en la proximidad de una aldea que los tiradores registraban casa por casa. Nos estiramos en el suelo y reptamos durante más de un kilómetro para alcanzar la orilla del bosque, donde volvimos a emprender nuestro camino. Al mediodía estábamos tan cansados que ya no podíamos poner un pie frente a otro, y fueron las camaradas de la región las que, llevándonos de la mano, nos ayudaron a caminar hasta que se hizo de noche. Al llegar el crepúsculo habíamos alcanzado el lugar previsto, en la cima de una montaña bastante elevada. Después de haber construido con toda rapidez una choza para albergarnos, preparamos un plan para volver a establecer contacto con la población y dirigir la acción contra la represión.

Después de esta tormentosa marcha el camarada Thiet Hung y yo seríamos asaltados por la fiebre durante dos meses y medio. Como medicamento teníamos únicamente las infusiones de raíces "cu ao". Algunos de nuestros militantes, a los que nuestro estado de salud causaba inquietud, tomaron nuestra larga túnica índigo de las minorías Tho para ir a implorar nuestra curación al brujo. Pero ¡qué podía hacer éste! Nos fue preciso esperar que se restableciera la comunicación. El camarada Cap que vino del puesto de mando para volver a tomar contacto nos trajo algunos comprimidos de quinina que nos aliviaron.

En realidad esta redada no era aún más que una operación de pequeña envergadura. Pero como era la primera que se efectuaba en la región no por ello dejó de causarnos serias dificultades. El movimiento experimentó un cierto retroceso. Sin embargo, la propaganda y los cursos políticos seguían su curso. Posteriormente todo volvió a ponerse en marcha. Las Asociaciones para la salvación nacional y las organizaciones de autodefensa se habían endurecido con la prueba. El valle de Kim Ma resonaba de nuevo con el eco entusiasta de los mítines preparando la insurrección. Pronto fue convocada la primera Conferencia de Delegados de las Minorías Man que decidió la creación de la zona Quang Trung. El movimiento había recobrado su impulso. Con ocasión del aniversario de la Revolución de Octubre, los representantes de los cantones de Nguyen Binh y Ngan Son celebraron una conferencia previa para la preparación de la insurrección armada, con la participación de unos trescientos delegados y de una decena de destacamentos de choque que efectuaron una demostración militar.

Para facilitar nuestra propaganda habíamos versificado el programa de la Liga Viet Minh. Yo lo traduje, igualmente en verso, en el dialecto de los "Man con sapeques" y de los Man Blancos. Adaptábamos nuevas letras a las canciones folklóricas para exaltar a la revolución. El programa de la Liga se propagaba de esta forma muy rápidamente y penetraba profundamente en las masas. Al llegar a un pueblo que había sido ganado recientemente a nuestra causa, tuve un día la sorpresa de oír a las jóvenes y los niños recitar de memoria los versos del Programa de la Liga cuando recogían arroz y algodón.

Cuanto más terreno ganaba la "marcha hacia el Sur" más cuadros exigía. A la llamada del Comité interprovincial un centenar de jóvenes de ambos sexos de Cao Bang abandonaron sus hogares para formar los grupos armados de asalto. Se procuraron armas por sus propios medios. El camarada Thiet Hung poseía un caprichoso revólver que se encasquillaba una de cada dos veces. En lo referente a mí poseía una granada inutilizable que llevaba colgando del cinturón: una ventaja moral no es nunca despreciable. En estrecha cooperación con los militantes locales los grupos de asalto armados se repartieron en varias formaciones que se dirigieron hacia el Sur para realizar su misión de propaganda. El grupo de asalto encargado de la puesta en marcha partía en primer lugar. Tomaba contacto con los militantes locales para un trabajo de encuesta y de propaganda y, posteriormente, creaba las organizaciones de base. Lo seguía el grupo encargado de consolidar estos primeros resultados.

Efectuaba entre los simpatizantes la selección de los elementos seguros y les impartía aceleradamente cursos de política. Los cuadros, así formados, se convertían en el núcleo para la extensión del movimiento.

Para acelerar el trabajo en vez de abordar simplemente los pueblos en el orden topográfico hacíamos a menudo un salto hacia adelante. Cuando las condiciones lo permitían, no dudábamos en enviar a lo lejos a un grupo de asalto que se desplazaba clandestinamente para organizar un pueblo en el que las masas tenían ya, en mayor o menor grado, una cierta toma de conciencia. Este grupo hacía el papel de una mancha de aceite y establecía contacto paulatinamente con las antiguas bases. Habíamos bautizado este método con el nombre de la "táctica del paracaídas".

En el curso de nuestra marcha hacia el Sur nos ocurrió una desgraciada aventura que creo debe ser contada.

Siguiendo los progresos del movimiento, yo había descendido paulatinamente desde el cantón de Kim Ma hasta Ngan Son para controlar la labor efectuada y abrir cursos de formación para los cuadros regionales. Estaba en una montaña en los bordes de la cabeza de distrito de Ngan Son cuando recibí una carta urgente del camarada Tong: convocatoria inmediata en el puesto de mando. Regresé rápidamente a Cao Bang. Cuando llegué, los camaradas Tong y Vu Anh me anunciaron que el tío Ho había sido detenido en el curso de una misión en China, y que acababa de fallecer por enfermedad en la cárcel. Estaba muy lejos de esperar tal noticia. Todo empezó a girar a mi alrededor. ¡El tío Ho ya no existía! ¡Qué gran pérdida para nuestro partido y para nuestro pueblo! Discutimos sobre la redacción de un escrito para informar al Comité Central, y sobre la organización de una ceremonia en su memoria. El camarada Tong había sido el encargado de pronunciar la oración fúnebre. El camarada Cap trajo la maleta del tío Ho en la que esperábamos encontrar algunos objetos para guardarlos como recuerdo.

Proyectábamos también enviar al camarada Cap a China para que intentara encontrar el emplazamiento de la tumba.

Algunos días más tarde emprendía otra vez el camino para continuar mi misión. Nunca olvidaré esa noche en la que, en compañía de un camarada de la "marcha hacia el Sur" caminaba por montañas deshabitadas cubiertas de hierba. Reinaba un intenso frío. Me embargaba una inmensa tristeza. Me sentía como abandonado. Con lágrimas en los ojos miraba las estrellas en la inmensidad del cielo.

Algún tiempo después, recibimos un periódico enviado desde China. Al margen del mismo había escritas algunas líneas en caracteres chinos. ¡Era la escritura del tio Ho!

"Buena salud para todos y mucho valor en el trabajo. Aquí todo va bien".

Seguían algunos versos:

"Las nubes besan las montañas
Las montañas abrazan a las nubes
El río es un espejo que nada enturbia
Sobre la cresta de los Montes del Oeste
Voy, solitario, con el corazón conmovido
Escruto el lejano cielo del Sur
Y pienso en mis amigos".

Nuestra alegría fue inenarrable.

Enseñamos el periódico al camarada Cap:

—Así pues, ¿qué significa esto?

—Yo mismo no comprendo nada, nos dijo. Fue el propio gobernador del Koumingtang el que me dio la noticia cuando estaba en China, de que Nguyen Ai Quoc[3] estaba muerto.

Acosamos a Cap con nuestras preguntas:

---

[3]Seudonimo de Ho Chi Minh.

—Intenta acordarte: ¿qué es lo que te dijo exactamente el chino?

Acabó recordando: el gobernador chino al referirse al tío Ho había pronunciado las palabras "su lo, su lo" que significan "bien, bien", pero nuestro camarada las había interpretado erróneamente, ya que es suficiente un cambio en el acento tónico de la primera palabra para que la expresión signifique "está muerto, está muerto".

Prorrumpimos en grandes carcajadas. Pero habíamos llevado este peso en el corazón durante muchos meses.

Hacia el mes de agosto de 1943 la ruta hacia el Sur estaba abierta. La utilicé con el propósito de ir al delta para reunirme con el camarada Ba, es decir, Chu Van Tan.

Habíamos logrado organizar a las masas en un amplio sector. Nuestra vereda cruzaba varias cadenas montañosas y diversos valles pasando por las aldeas de las minorías Tho, Man con sapeques y Man rojos.

En todas partes por las que pasaba reinaba una atmósfera febril de preparativos para la insurrección. La moral de la población era excelente. Las minorías Tho, al igual que las minorías Man, eran afectas a nuestra causa. Reservaban a los revolucionarios una calurosa acogida. Todas las aldeas Man que jalonaban la ruta hacia la cumbre del Monte Phia Booc (una de las cimas más elevadas de la región sobre la que permanece la nieve durante todo el año, incluso cuando hace buen tiempo en el valle), trabajaban para el Viet Minh; las mujeres y los niños se sabían de memoria los versos del programa de la Liga en lengua Man y varias canciones revolucionarias. Cuando aparecían los polizontes por allí, la población lo hacía todo para esconder y proteger a los revolucionarios. Si era preciso no dudaba en habilitar escondrijos incluso hasta debajo del altar de los Dioses tutelares, que son lugares totalmente prohibidos para los extranjeros.

Después de quince días de marcha llegué cerca de Cho Chu por un sendero montañoso que caía a plomo sobre el puesto de Coc.

Algunos pasos más y estaría en el lugar del encuentro. Encontré al camarada Chu en un "ray"[4] en plena jungla. ¡Es inútil explicar nuestra mutua alegría! Convocamos inmediatamente a un cierto número de cuadros de Bac Son que actuaban como agitadores en la región y de los cuadros de la "marcha hacia el Sur" para un intercambio de puntos de vista. Después de lo cual organizamos una pequeña fiesta íntima; llegada la noche dormimos al aire libre cubiertos con hojas de palmera.

El camarada Tan nos trazó un cuadro de la situación en Thai Nguyen y en el delta. Nuestras organizaciones de base se habían implantado fuertemente en Bac Son y Bu Nhai y el movimiento alcanzaba a las regiones de Cho Chu, Dai Tu. El enemigo proseguía su política de represión. El camarada Tan nos hizo saber también que había sido remitido un informe al Comité Central que iba a enviar a uno de sus miembros para que se uniera a nosotros. Permanecí esperándole durante algún tiempo. Cada día se nos anunciaba su inmediata llegada; pero transcurrieron dos semanas sin que lo hiciera. La represión era tan fuerte que ningún camino era seguro. Tuve que regresar a Cao Bang como había sido previsto anteriormente. Había aprovechado los días de espera para escribir un folleto sobre "La experiencia de la Liga Viet Minh en el Viet Bac" destinado a ser enviado al delta.

Llegué a Cao Bang la víspera de la fiesta del Tet. En el último día del año lunar la mayoría de los cuadros y una veintena de destacamentos de asalto armados de la "marcha hacia el Sur" se habían reunido para celebrar nuestro éxito. La "Liga Viet Minh" y la Federación del Partido del Cao Bac nos entregaron un banderín sobre el que estaban bordadas las palabras "Asalto victorioso".

En aquel mismo momento el enemigo desencadenaba el terror blanco.

---

[4]Campo cultivado sobre la pendiente terraplanada de una montaña.

4. El terror blanco en Cao-Bac-Lang

Durante los años 1942-1943 el movimiento de la Liga Viet Minh había adquirido, en las provincias del Cao-Bac-Lang, una envergadura sin precedentes.

Tres de los nueve distritos de Cao Bang eran distritos "al cien por cien" (Ha Quang, Hoa An y Nguyen Minh) y en todas partes teníamos bases. En Bac Can había alcanzado cuatro distritos. Por la parte de Lang Son ya alcanzaba That Khe. Era particularmente fuerte en las regiones Man, principalmente entre los Man Blancos en la región de Thien Thuat y entre los Man con *sapeques* en la zona de Quang Trung.

Como ejemplo examinemos algunos datos en el distrito de Ha Quang, cuya diseminada población está constituida en su mayor parte por minorías Nung. En 1941 había 1053 miembros de las Asociaciones para la liberación nacional; en 1942 eran 3096 de los cuales 1049 eran elementos seguros, a los que se añadían 235 milicianos de autodefensa y asalto; en esta fecha el distrito había organizado seis cursos de formación política y tres cursos de formación militar acelerada. En 1943 toda la población se había adherido a las Asociaciones para la salvación nacional, había 1004 milicianos de autodefensa y asalto repartidos en 15 destacamentos, el distrito había abierto once cursos de formación política y 26 cursos de formación militar, y la población había creado diez escuelas de alfabetización.

La mayor parte de los jóvenes de ambos sexos participaban en las formaciones de milicianos de choque y habían seguido varios cursos de entrenamiento militar. Se puede afirmar que, durante el período clandestino, se había logrado organizar y armar a toda la población de las regiones rurales del Cao-Bac-Lang.

En 1942 y 1943 el Comité interprovincial formó numerosas promociones de cuadros militares. Fueron organizadas varias revistas y maniobras militares. Las maniobras que se desarrollaron en el pueblo de Hong Viet en el mes de julio de 1943 pusieron en acción a más de mil hombres entre los que había milicianos de choque, cuadros de la Liga Viet Minh a escala comunal y elementos seguros de las organizaciones para la salvación nacional. Con esto se intentaba enseñar a los cuadros a mandar y a perfeccionar la preparación de los destacamentos de milicianos de choque. Por otra parte, estas demostraciones de fuerza acababan de dar confianza a las masas revolucionarias, ayudando a eliminar a los elementos indecisos e intimidaban a los reaccionarios locales. Pero tal método nos exponía fácilmente al riesgo de descubrir nuestras fuerzas, de revelar nuestros secretos y de provocar represiones.

Nos preocupábamos igualmente en almacenar víveres. Cada distrito tenía sus graneros de *paddy* y de maíz en previsión de la insurrección. Los campesinos construían refugios en lo más profundo de la selva; encendían fuego en ellos para secar y endurecer la tierra; después enmaderaban el agujero e instalaban finalmente cañizos de bambú para almacenar el *paddy*; a una cierta altura cerraban el encofrado con planchas y cañas de bambú y lo recubrían todo con tierra. Las compras de armas habían adquirido las proporciones de un movimiento de masas. Cada familia buscaba por todos los medios la forma de comprar armas de contrabando a los soldados de las fuerzas de Chang Kai-Shek, aun a cambio de vender un búfalo o *paddy* para pagarlas. En varios lugares se habían abierto herrerías para reparar los fusiles de mecha, las carabinas de caza y para fabricar armas blancas, machetes, sables, puñales, etc... Nuestros compatriotas respondían magníficamente y en masa a las colectas de hierro, cobre, platos y bandejas de otros metales.

Los colonialistas franceses, vendidos por aquel entonces a los fascistas japoneses, ponían en práctica todos los medios de que disponían con la intención de ahogar en su origen la insurrección armada. Llevaban a cabo conjuntamente una feroz represión y maniobras demagógicas: la trampa y el palo. Intentaban liquidar en primer lugar nuestras organizaciones de base y cortar las vías de aprovisionamiento de los cuadros clandestinos. Después de lo cual desencadenaban operaciones militares para apoderarse de los puestos de mando secretos del Viet Minh.

Acababa de dejar al camarada Chu Van Tan en la región limítrofe de Cho Chu y Cho Don para regresar al Cao Bang. A medio camino, cerca de la cabeza del distrito de Bac Can pude constatar las primeras manifestaciones de ese terror blanco. Una vez llegado a Na Lum, aldea aislada en la cumbre del monte Phia Booc, cuyo nombre significa "arrozal abandonado", recibí una carta del camarada Duc Xuan, jefe del Destacamento de Propaganda de asalto para "la marcha hacia el Sur", señalándome una progresión del movimiento y proponiéndome descender para participar en un mitin en el valle. Duc Xuan era un excelente propagandista, muy activo y valiente, que componía bellas canciones populares. Había alcanzado ya una aldea situada al pie de la montaña cuando supe que el enemigo había enviado tropas contra nuestra base que estaba situada cerca de Phu Thong. Por falta de vigilancia el camarada Duc Xuan había sido sorprendido en plena reunión y abatido. El enemigo le había cortado la cabeza y los brazos para exponerlos en el mercado.

Así, pues, nuestra ruta estaba cortada. La población estaba desesperada.

Di media vuelta y, por veredas que atravesaban la cadena montañosa del Phia Booc, regresé a Cao Bang. Allí también el enemigo estaba a punto de intensificar la represión. Se interesaba particularmente por las regiones en las que se habían desarrollado las grandes maniobras militares.

El puesto de mando del Comité interprovincial, que se hallaba en el valle de Lam Son, había sido rodeado varias veces por la tropa. Cada vez nuestra táctica había consistido en desaparecer evitando el enfrentamiento, y replegarnos provisionalmente en otra parte. Un día el enemigo abrió un nutrido fuego de morteros sobre la sede local del periódico *Vietnam Independiente*, pero sin ningún resultado. Por otra parte, los soldados que se enviaban contra nosotros no brillaban demasiado por su valor. Fue suficiente que un joven miembro del puesto de mando gritara "al asalto" para hacerlos arrancar a toda velocidad.

Por otra parte el enemigo intentaba actuar con astucia. Colocaba carteles, reunía a la población y le recomendaba que se dedicara tranquilamente a sus ocupaciones, sin dejarse influenciar por los "rebeldes Viet Minh". Decía que garantizaba a todos aquellos que se habían unido a los guerrilleros, la libertad de regresar a su casa e invitaba a los cuadros clandestinos a pasar al servicio del "gobierno". Resultado: ¡un absoluto fracaso! Ninguno de los nuestros se dejó atrapar en la trampa: nuestros afiliados habían sido preparados para esta eventualidad.

Ante estos fracasos prosiguieron la represión. Reforzaron sus redes de polizontes, instalaron torres de vigilancia en los puntos neurálgicos y en las localidades más revolucionarias. Crearon nuevos "bang ta" (notables entre las minorías), aumentaron los efectivos de la guardia indígena y organizaron grupos móviles. Buscaban y arrestaban a los cuadros revolucionarios, incluidos sus familiares. Cualquier familia que tenía a uno de sus miembros entre nuestros cuadros, o que era sospechosa de mantener relaciones con los "maquis", corría el riesgo de ver su casa incendiada y sus bienes confiscados. En muchas localidades los graneros en que se escondía el *paddy* fueron descubiertos e incendiados. Numerosas aldeas fueron arrasadas implacablemente. Cualquiera que fuera arrestado en posesión de documentos Viet Minh, era fusilado en el acto, decapitado y mutilado, exponiéndose la cabeza y sus miembros en el mercado. Se ponía un precio a la cabeza de nuestros militantes. La más barata valía 1.000 piastras y una tonelada de sal; algunas valían hasta 20.000 y otras llegaban hasta las 30.000 piastras.

Aprovechando la experiencia del terror blanco en Bac Son y Vu Nhai, el enemigo ordenó concentrar los pueblos. Todos los habitantes de aldeas de menos de veinte casas recibieron la orden de agruparse en determinados puntos, las casas eran desmanteladas. Cuántas veces, desde lo alto de la montaña, con el corazón dolorido, habíamos sido testigos impotentes de los incendios que devastaban, en los valles, los pueblos de nuestros camaradas. De un extremo a otro de la zona de Cao-Bac-Lang todo era ruina y desolación.

En los nuevos centros de concentración, la población llevaba una vida absolutamente miserable. Todos los pueblos grandes debían ser rodeados con una triple empalizada, y asegurar la guardia de noche. El control de identidad tenía lugar diariamente. Toque de alerta desde las 6 de la tarde hasta las 6 de la mañana. Absoluta prohibición de trasladar el arroz fuera del pueblo. Algunos campesinos fueron fusilados inmediatamente por el solo hecho de transportar un poco de *paddy* para preparar las semillas, o una cesta de arroz al mercado.

Algunos agentes se infiltraron en nuestras filas. No pasaba un día sin que las tropas irrumpieran en los pueblos para asesinar, robar, incendiar, obligar a la población a efectuar trabajos no remunerados o a firmar papeles en los que se comprometían a no seguir al Viet Minh.

Frente a esta situación, el Comité interprovincial de Cao-Bac-Lang decidió movilizar a las masas para responder a estas acciones. Las células del Partido y los Comités Viet Minh del pueblo tenían que organizar su "comité de asalto antiterrorista" con los miembros del Partido y los mejores elementos de las Organizaciones para la Salvación nacional. Paralelamente, reforzábamos nuestras medidas contra la infiltración de reaccionarios en las organizaciones patrióticas. La población no se dejó abatir. Cada vez que las tropas entraban en un pueblo para saquearlo, nuestros jóvenes militantes, de ambos sexos, se repartían por las casas para sostener la moral de la gente. Sin embargo, las atrocidades del enemigo no dejaron de provocar localmente algunas vacilaciones. Hubo pueblos en los que la población propuso suspender las actividades de la Liga. En otras partes, una cincuentena de jóvenes de ambos sexos se refugiaron en las selvas.

El Comité interprovincial del Cao-Bac-Lang dio directrices a los cuadros que aún vivían en la legalidad: reforzar la vigilancia para no caer en manos del enemigo, prepararse para pasar a la clandestinidad, no dormir en su casa por la noche: durante el día, hacerse acompañar siempre por escoltas, tener a mano una reserva de víveres para dos o tres meses, mantenerse en contacto con los responsables para poder pasar a la clandestinidad en caso de alerta. El número de los elementos clandestinos aumentaba rápidamente. El Comité interprovincial decidió organizarlos en "núcleos clandestinos" encargados de mantener el movimiento. Cada "núcleo clandestino" agrupaba a los camaradas de uno o dos distritos, que eran, en su mayoría, miembros del Partido que habían tenido que irse de su casa para esconderse en la selva. Tenía su puesto de mando en una pequeñísima choza construida con algunos listones de bambú para dormir, un techo de hierbas secas o de hojas de plátano en la cumbre de una montaña, en plena jungla. El sendero que conducía a mi puesto pasaba por un arroyo que descendía formando cascadas: era imposible pasar por otra parte más que por la corriente de agua, lo que ofrecía la ventaja de borrar toda huella; pero cada vez que llegábamos estábamos totalmente empapados.

Un "núcleo clandestino" agrupaba generalmente de cuatro a cinco personas, a veces incluso a diez, que vivían de acuerdo a una estricta disciplina. La utilización del tiempo se atenía a un riguroso programa repartido entre la agitación de masas, el estudio político y la instrucción militar. La jornada estaba consagrada a los estudios y los trabajos agrícolas. Se comía muy temprano, hacia las tres o las cuatro de la tarde. A la caída de la noche, los "clandestinos" salían de la jungla. Tenían un santo y seña o un grito convenido para hacerse reconocer por los miembros del Partido o los elementos seguros de nuestras organizaciones que, con riesgo de su propia vida, venían a traer víveres, informar sobre la situación y solicitar directrices para detener la represión que afectaba a una u otra localidad o aldea. Bien entrada la noche dormían algunas horas al aire libre, cuando el tiempo lo permitía. Al rayar el alba salían del puesto de mando. Para no causar molestias a la comunidad era preciso, a toda costa, regresar a la selva antes de que se diluyera la bruma matinal. Esta vida llena de peligros y privaciones, esta tenaz decisión de permanecer en contacto con las organizaciones de base de la población inculcaron una poderosa combatividad a las masas revolucionarias.

El enemigo se daba cuenta de que no había podido cortar la relación entre el Partido y las masas, entre los núcleos clandestinos y las aldeas, e intensificaba la represión, implantando puestos de vigilancia en todas partes; rodeaba los macizos montañosos y penetraba en la jungla, llevando al frente de sus columnas a la población de los valles. Por la noche enviaba patrullas para tender emboscadas en los afluentes de los arroyos. En pleno verano las patrullas no vacilaron en incendiar las selvas sospechosas. Un día estuvimos a punto de ser quemados vivos: un refugio cercano a un arroyo había sido descubierto. Varios puestos de núcleos clandestinos fueron rodeados poco a poco. La región de Bac Can estaba especialmente vigilada. Junto con el camarada Hoang Sam y dos militantes locales, permanecí, en cierta ocasión, bloqueado durante tres días en la cima de una montaña en el distrito de Hoang Hoa Tham. Tuvimos que utilizar el agua de los bambúes y la savia de ciertas lianas para poder cocer nuestro arroz. Pero tuvimos más suerte que muchos de nuestros camaradas que cayeron bajo los golpes de la represión. Cada vez que el enemigo descubría un puesto clandestino arrasaba los pueblos vecinos. En el distrito de Hoang Hoa Tham, donde el movimiento se había desarrollado poderosamente, los dos tercios de la población habían abandonado los pueblos para refugiarse en la selva.

Momentáneamente el movimiento de masas registraba un retroceso. Ciertamente, el espíritu no había cambiado, pero la gente estaba tan aterrorizada que nos llegaron a decir: "El día de la insurrección nos levantaremos para aplastar al enemigo, pero hasta ése momento, no contéis con nosotros. Es suficiente que encuentren a un 'clandestino' para que arrasen todo el pueblo". Pero si nuestras bases en las masas se esterilizaban, ¿cómo podríamos desencadenar la insurrección?

Así, pues, era preciso mantener a toda costa nuestras organizaciones de masas. Eso era lo que explicábamos en todas las cédulas del Partido, a todos los cuadros y militantes de base. Fueran cuales fueran las dificultades debían apegarse a las masas. La represi6n permitió seleccionar a los elementos seguros.

Al terminar cada reunión los cuadros de los núcleos clandestinos se dirigían a su sector. Tomaban contacto con la población en el camino al mercado o en los campos. Les daban a conocer las victorias de la URSS y de los Aliados; la impetuosa erupción de la revolución en el delta; les explicaban que la represión sería estéril y elaboraban planes conjuntos para proseguir las actividades de la Liga. En la siguiente reunión, empezábamos convocando a los asistentes. Había muchas probabilidades de que alguno faltara, sino es que más. Generalmente, los que no acudían a la cita en el plazo previsto habían caído en el curso de su misión.

En algunas regiones tenían que contentarse, durante meses, con maíz o harina de arroz; en otras, se desenterraban tubérculos para remplazar al arroz. En mi sector, habíamos comido durante meses arroz con flores de plátano salvaje. Las cocíamos en agua salada hasta que desaparecía toda traza de su jugo negro y viscoso, particularmente áspero; de todas formas nos quemaban el estómago. Con un régimen alimenticio de este tipo, casi no teníamos fuerzas para ascender por las pendientes de las montañas, puesto que nuestras piernas temblaban.

5. Hacia la lucha armada

Si los ataques lanzados por el enemigo redujeron nuestras bases, también las forjaron. Tiempo después el movimiento recobró el impulso en varias regiones y se orientó paulatinamente hacia la lucha armada. El Comité interprovincial del Cao-Bac-Lang ordenó la "militarización" de los núcleos clandestinos, o sea dotarse de armas y municiones, e intensificar la instrucción militar; las actividades militares tenían que ir a la par con las políticas. Los núcleos clandestinos recibieron también la orden de "vivir como guerrilleros", es decir, siempre alerta, con sus cosas al alcance de la mano, dispuestos para partir a la primera señal de alarma.

Los distritos formaron destacamentos armados de siete a doce miembros, independientes de todo trabajo de producción, y allí en donde las condiciones lo permitían, constituían una sección. Estas unidades regionales se encargaban de la propaganda armada, ejecutaban a los reaccionarios más peligrosos, tendían emboscadas a las pequeñas patrullas para asegurarse el control de las montañas y selvas. Sin embargo, para evitar represalias a la población, su campo de actividad se apartaba lo más posible de las organizaciones de base y, debido a este hecho, era limitado.

Nuestra "ruta hacia el Sur" estaba cortada en varios puntos. Habíamos enviado paulatinamente a grupos de asalto hacia los sectores amenazados para sostener a la población local y mantener nuestras organizaciones de base, pero sin obtener más que resultados parciales. A principios de 1944 la relación con el delta se hizo de una imperiosa necesidad. Siguiendo instrucciones del Partido habíamos reagrupado a varios destacamentos armados locales para formar la Sección "de la marcha hacia el Sur". Se decidió progresar en el más absoluto secreto a través de la jungla para restablecer el contacto con nuestras organizaciones de base al pie del monte Phia Booc.

En nuestro camino varios pueblos habían sido arrasados. En las aldeas controladas por puestos de vigilancia, ésta era muy rigurosa. Saliendo de Kim Ma, nuestra sección tomó la dirección del Sur, caminando de noche y descansando de día. El avance era penoso. Llovía sin cesar. Las lluvias habían hecho desbordarse los arroyos que inundaban los senderos. Calados hasta los huesos, nos deteníamos a veces en cuevas en las que encendíamos pequeños fuegos para calentarnos y secar nuestras ropas. Después se continuaba la marcha. Generalmente, hacia las siete o las ocho de la mañana buscábamos un lugar bien resguardado en el que, extendidos sobre hojas de palmera, descansábamos de nuestras fatigas. A veces, para alcanzar alguna de nuestras bases, teníamos que caminar durante dos o tres noches, pasando por pueblos totalmente controlados por los reaccionarios, o el único camino que debíamos tomar pasaba muy cerca de los puestos de guardia. En estas ocasiones avanzábamos con precaución, evitando hacer el más mínimo ruido, un paso en falso en el barro, el golpe de un bastón contra una piedra, etc.

Después de ocho o nueve días de marcha habíamos sobrepasado Cho Ra y alcanzado nuestro punto de reunión al pie del monte Phia Booc. Un cierto número de militantes que acompañaban a la sección armada habían traído una piedra litográfica, papel y tinta para publicar un periódico después de haber tomado contacto con las organizaciones de base, consolidado el movimiento en la región y establecido el puesto de mando. A pesar de estar totalmente agotados, desbordábamos de entusiasmo; en vez de descansar, empezábamos a derribar árboles para construir nuestras chozas; durante este tiempo, encargué al camarada Thanh Quang, cuya familia se encontraba en Cho Ra, para que fuera a establecer contacto con las organizaciones más seguras de la región. Regresó por la noche con tristes noticias: en los pueblos circundantes todas nuestras organizaciones habían sido dislocadas y numerosas casas de los militantes incendiadas. La población le había advertido que estuviera alerta ya que estaba a punto de producirse una gran batida y los soldados invadían la selva. Habíamos establecido un turno de guardia alrededor de nuestro campamento provisional y, después de dormir algunas horas, reemprendimos el camino hacia Cao Bang. Como no habíamos previsto la posibilidad de un repliegue tuvimos que contentarnos con comer sopa de arroz durante el camino de retorno. Al final del viaje todos caímos enfermos.

Esta gran campaña de represión nos causó muchas dificultades, pero estas pruebas forjaron a nuestros militantes y a las masas, y les inculcaron un espíritu de sacrificio muy elevado. Y esta era una de las condiciones esenciales para la insurrección.

El mes de junio de 1944 el terror blanco desencadenado por los franceses alcanzó su punto álgido. Diariamente se oían ruidos de disparos. El pueblo esperaba con impaciencia la réplica de la revolución. Toda la región del Cao Bac Lang no era más que un polvorín dispuesto a estallar.

Simultáneamente, en el plano internacional, el fascismo se encaminaba hacia la derrota. En Europa, después de Stalingrado y de la contraofensiva general del ejército soviético, los Aliados habían abierto el segundo Frente. En el Pacífico, la iniciativa de las operaciones había escapado de las manos japonesas cuyas bases más importantes de ultramar caían una detrás de otra.

A principios del mes de julio de 1944 cayó el gobierno de Petain. De Gaulle regresó a Francia con las tropas anglo-americanas y formó un nuevo gobierno. En Indochina esta evolución de la situación acabó de ampliar las contradicciones entre los fascistas japoneses y los colonialistas franceses. La perspectiva de un golpe de fuerza nipón se imponía.

El movimiento revolucionario ganaba terreno en todo el país. La organización de la “Liga Viet Minh” se extendía día a día. La opinión presentía y deseaba un gran cambio.

Hacia fines del mes de julio de 1944 el Comité interprovincial del Cao Bac Lang convocó una conferencia de cuadros con el fin de discutir el problema de la insurrección armada. Asistían a ella todos los responsables de sector. Pasando revista a nuestros efectivos pudimos comprobar que los esfuerzos de los imperialistas no habían sido muy eficaces: todos nuestros dirigentes habían podido escapar al terror blanco.

La conferencia se celebró en una gran cueva, en plena jungla. La sala de reunión había sido preparada cuidadosamente: arco de triunfo, un gran mástil para la bandera, hileras de mesas para los delegados, dormitorios y refectorios. A su alrededor se había situado una triple red de centinelas; junto a los militantes Man locales, los destacamentos armados estaban formados por distritos para reforzar el dispositivo de seguridad. Después de meses de encarnizada lucha, transcurridos bajo la amenaza de la muerte, nos encontrábamos finalmente reunidos para discutir la cuestión más vital para nosotros. Nuestra alegría era inmensa. En ella estaba presente un poco de orgullo, orgullo por nuestro pueblo y por nuestro Partido: evidentemente la represión no podría nunca prevalecer sobre la revolución.

El informe político presentado en la conferencia estimaba que "la coyuntura nacional e internacional y la situación del movimiento en el Cao Bac Lang han hecho madurar las condiciones para desencadenar la guerrilla en las tres provincias".

Las discusiones que siguieron desembocaron rápidamente en la resolución de desencadenar la insurrección lo más inmediatamente posible para responder a la tensión creada por el "terror blanco". Todos los delegados aclamaron esta decisión.

Al día siguiente, la conferencia discutió sobre el sentido de la palabra "insurrección" y decidió sustituirla por la de "desencadenamiento de la guerrilla" con el fin de evitar equívocos en su interpretación. Fue señalado un plazo para la ultimación de los preparativos.

Según el plan del Comité interprovincial, todas las regiones debían preparar una nueva promoción de jefes de destacamentos y de comisarios políticos para alcanzar la cifra prevista. Por otra parte, era importante la formación de un cierto número de cuadros de reserva. Todos los militantes clandestinos de ambos sexos debían hacer obligatoriamente, si su salud se lo permitía, un curso en este sentido. Al Comité interprovincial correspondía la organización de cursos de formación de jefes de sección y de comandantes de compañía.

En las regiones que estaban bajo nuestro control abrimos urgentemente cursos políticos para los militantes locales. Estos militantes eran seleccionados entre los elementos de más confianza y más estimados por la población. Les preparábamos para la guerrilla contra los japoneses, así como para la administración con el fin de que en un momento dado, instauraran el poder popular provisional.

Las diversas localidades debían aplicar el plan del Comité interprovincial para el alistamiento de los milicianos de choque en las unidades regulares de guerrilleros. Estos hombres estaban repartidos en dos grupos: el primero se alistaría inmediatamente en el momento de desencadenamiento de la guerrilla, mientras que el segundo constituiría el cuerpo de reserva. Divididos en grupos y secciones, recibirían un entrenamiento acelerado y debían estar dispuestos para entrar en campaña de un momento a otro.

Era preciso comprar y fabricar con la máxima urgencias armas y, en primer lugar, granadas. Cada fusil debía tener ciento cincuenta cargas. Los stocks de víveres debían permitir resistir durante seis meses, para pasar el período existente entre la recolección del *paddy* del año en curso y la del maíz del año siguiente.

Los Comités de distrito debían organizar la red clandestina de comunicación, los servicios de exploración y enseñar a la población algunas nociones sobre el trabajo de información.

Desde hacía mucho tiempo habíamos enseñado a la población a hacer el vacío frente al enemigo, y en varias poblaciones se habían construido silos para esconder el *paddy*. No nos quedaba más que generalizar este sistema en todos los distritos para tener a nuestra disposición las reservas de víveres. En lo que concierne a la evacuación de la población, poníamos el acento en este principio: encuadrar y organizar siempre a los evacuados de forma que pudieran, a la vez, proseguir los trabajos agrícolas y aportar una eficaz ayuda al frente.

Con el propósito de estimular el movimiento y de preparar el desencadenamiento de la guerrilla, se dio la orden a los destacamentos armados de rechazar todos los ataques y de asegurarnos de esta forma el control de las selvas y de las montañas.

Todos los cuadros y miembros del Partido se entregaron totalmente a estos preparativos, desplegando una actividad intensa pero silenciosa, característica de toda actividad clandestina. Se veía a ancianas vender casi todos sus bienes para comprar armas a sus hijos. En varios distritos, los viejos adoptaron resoluciones, indicando a los jóvenes de ambos sexos que se enrolaran en el ejército cuando se produjera la primera llamada a la movilización. El pueblo vivía con la esperanza y la espera febriles de las vísperas de insurrección. Nuestros cuadros celebraban reuniones públicas para explicar a la población que el desencadenamiento de la guerrilla implicaba necesariamente sacrificios, y, localmente, infortunios momentáneos.

Después del desencadenamiento de la guerrilla nos aguardaban muchos peligros y privaciones. Todo este trabajo de explicación fue llevado a cabo adecuadamente.

¡Septiembre de 1944!
La recolección tocaba a su fin.

El plan previo había sido realizado en gran parte. Habíamos abierto ya el fuego en varias localidades. La atmósfera era tensa. Todos esperaban.

6. El Destacamento de propaganda

Para decidir el momento de la insurrección el Comité interprovincial proyectaba organizar una última Conferencia. Entonces llegó a nuestro conocimiento la noticia del inminente regreso del tío Ho que había logrado salir de las prisiones del Kuomingtang.

Al llegar a Pac Bo escuchó el informe sobre la situación y la resolución sobre el desencadenamiento de la guerrilla y, luego, reunió a los cuadros responables para analizar la situación. Subrayó que la resolución adoptada no se basaba más que en la situación el Cao Bac Lang y no del conjunto del país; dicho de otra forma, nos interesábamos en una parte haciendo abstracción del todo. En tales condiciones, desencadenar la guerrilla en amplia escala y en las perspectivas de la resolución del Comité Interprovincial, era ir fatalmente al encuentro de grandes dificultades. En el conjunto del país, ninguna otra región reunía las condiciones necesarias para apoyarnos; el enemigo podía, por tanto, reagrupar todos sus efectivos contra nosotros. Desde el punto de vista militar, la resolución no respondía al principio de la concentración de fuerzas: los cuadros y el armamento estaban dispersos, faltaba una fuerza de base.

El tío Ho juzgó que si la etapa del desarrollo pacífico de la revolución había sido ya sobrepasada, no se estaba aún en la de la insurrección general. Concentrarse en las actividades puramente políticas no era tampoco suficiente para hacer progresar el movimiento; pero desencadenar inmediatamente la insurrección sería situarse en una incómoda postura. Era preciso, por tanto, pasar de lo político a la lucha armada, aun dejando a ésta para un futuro inmediato, pero teniendo aún la acción política sobre la lucha armada una cierta preponderancia.

Era preciso encontrar una fórmula apropiada para levantar de nuevo el movimiento, y en el curso de esta reunión el Presidente preconizó la creación del "Destacamento de propaganda del Ejército de Liberación" que entonces no fue más que una pequeña formación. Tenía la misión de movilizar y llamar al pueblo al combate. Pero en sus inicios atribuyó más importancia al trabajo político que a la acción armada, siendo preponderante la propaganda sobre el combate propiamente dicho.

Este análisis de la situación nos convenció a todos, y el nuevo programa fue aprobado unánimemente, y así es como fue creado el Destacamento de propaganda del Ejército de Liberación de Vietnam.

Siguiendo el método de trabajo más apreciado por él, y después de haber resuelto las cuestiones de principio, el tío Ho nos orientó hacia la elaboración de las medidas de aplicación: organización del Destacamento, composición, reclutamiento, aprovisionamiento de armas y víveres, futuras relaciones con las autoridades y las poblaciones locales.

Seguidamente pasamos toda una jornada para elaborar conjuntamente el proyecto de plan. Durante la velada continuamos intercambiando nuestros puntos de vista; avanzada la noche el tío Ho sopesaba aún el pro y el contra. Al día siguiente, por la mañana, sometimos el proyecto a la colectividad.

El tío Ho insistió particularmente en dos puntos para desencadenar la lucha armada según la nueva orientación.

-Actuar rápida y resueltamente: un mes después de la formación del destacamento, éste debería tener en su activo algunos éxitos militares; el primer combate tenía que representar obligatoriamente una victoria.

-Asegurar, en campaña, las buenas relaciones entre el destacamento regular y los destacamentos locales, entre el ejército y la población. Mantener una permanente relación con el organismo dirigente.

El Presidente atribuía, por otra parte, gran importancia a los principios de la clandestinidad. Íbamos a tomar la ruta que nos recomendaba una vez más:

"No seáis subjetivos, no reveléis vuestra fuerza, actuad en secreto, en un secreto absoluto. Que el enemigo lo ignore todo a vuestro respecto. Que crea que estáis en el Este cuando estéis en el Oeste. Que os crea débiles cuando seáis fuertes. Que esté confiado cuando estáis a punto de atacarle."

Regresamos al Comité interprovincial llenos de confianza. Las órdenes fueron aplicadas con celeridad. Los cuadros y el armamento fueron reunidos inmediatamente. El Destacamento comprendía en su origen treinta y cuatro combatientes escogidos entre los jefes de secciones, jefes de grupos y soldados de élite, y que habían resaltado por su valor en los destacamentos armados regionales o en los grupos de milicianos de choque. La unidad había sido igualmente reforzada por algunos cuadros que acababan de terminar sus estudios militares en China. A partir de entonces existieron en el Cao Bac Lang tres tipos de formaciones armadas: el Destacamento de propaganda constituía el elemento de choque, alrededor del cual se agrupaban los destacamentos armados regionales, y seguidamente los destacamentos de autodefensa paramilitares. Aun estando en el estadio de la guerrilla, estas formaciones actuaban en estrecha coordinación. Recuerdo perfectamente esta característica: representó para mí una cosa totalmente nueva que me sorprendió mucho.

La víspera de la formación del Destacamento recibí las directrices del tío Ho transcritas en un pequeño pedazo de papel escondido en un paquete de cigarrillos. Dos días más tarde el Destacamento de Propaganda empezaba a aplicarlas consiguiendo sus primeras victorias en Phay Khat y Na Ngan. El "Vi e Lap" publicó inmediatamente un comunicado. Al mismo tiempo el Comité Interprovincial lanzaba una llamada a la población invitándola a intensificar su apoyo al ejército. La influencia del Destacamento era creciente. Los elementos dudosos se volvieron hacia nosotros. Los traidores se pusieron a temblar y el enemigo moderó su ardor en la caza, de los militantes. Fueron creadas numerosas organizaciones de base y vieron aumentar rápidamente sus efectivos. El movimiento crecía. La población aportaba grano y arroz en grandes cantidades. En ciertos lugares se nos ofrecían incluso búfalos, bueyes o cerdos. Aparecieron poemas T.T., arroz T.T., cajas T.T. para la compra de armas... (T.T. son las iniciales de las palabras vietnamitas "Tuyen Truyen" –propaganda– mediante las que se designaba al Destacamento).

La juventud era conquistada por un poderoso movimiento de "marcha hacia la liberación" que engrosaba rápidamente nuestras filas.

Desde Phay Khat y Na Ngan el Destacamento de Propaganda del Ejército de Liberación del Vietnam se dirigió directamente hacia la zona de Thien Thuat, con objeto de transformarse en compañía. Los nuevos reclutas, que provenían de pequeñas unidades regionales, llegaron rápidamente al centro de reunión. En varios lugares los destacamentos locales poseían ya los efectivos de una sección. Les fue distribuida .una parte de las armas aprehendidas al enemigo, lo que contentó totalmente a la tropa. (En esta época eran suficientes dos o tres mosquetones para provocar entusiasmo entre los combatientes.) Todos los sectores se preparaban febrilmente para nuevos compromisos y se solicitaba el envío de tropas regulares.

Después de habernos formado en compañía, dejamos a una parte de nuestros efectivos en Kim Ma, Thin Tuc y Phia Uac para propaganda del ejército, mientras que la mayoría de nuestras fuerzas ascendían en dirección a la región de Dong Mu-Bao para desorientar al enemigo. Tan pronto como llegamos a este sector descendimos, en el más absoluto secreto, hacia la región limítrofe de las provincias de Cao Bang y Bac Can. Pensábamos dirigirnos hacia el Sur. En nuestro recorrido la población nos reservó una acogida extremadamente calurosa. En ciertos lugares, a pesar de no estar situados a más de dos o tres kilómetros del puesto, encendían antorchas para venir a nuestro encuentro. Estábamos cerca del Tet. En ciertas localidades la juventud había preparado un verdadero festín, disponiendo mesas y sillas en el mismo borde de la ruta y nos habían esperado durante toda la noche para agasajarnos. Por ejemplo, en el distrito de Hoang Hoa Tham, nos aguardaba un auténtico campamento situado en la jungla, lo suficientemente amplio como para albergar a toda la compañía, con un terreno de ejercicio y un importante almacén de víveres.

A pesar de la escasez, la población ayudaba totalmente al ejército revolucionario. Durante las tres jornadas del Tet, jóvenes y viejos abandonaron sus hogares para pasar la fiesta a nuestro lado. Cuando pienso en ello actualmente, me pregunto aún sobre la forma de pagar la deuda que contrajimos con el pueblo.

Fue en esta época cuando las tropas de asalto restablecieron nuestras líneas de comunicación con Thai Nguyen, cortadas por la represión. Nosotros proseguíamos con los intensos preparativos para la marcha hacia el Sur. Los camaradas Tong y Vu Anh se nos unieron en la selva de Tran Hung Dao para visitar las tropas y elaborar un plan de marcha hacia el Sur. Acababan apenas de abandonarnos cuando estalló el golpe de fuerza del 9 de marzo. La situación evolucionaba favorablemente. El Destacamento de Propaganda del Ejército de Liberación de Vietnam salió de la selva para emprender una marcha en pleno día hacia el valle de Kim Ma. En cada pueblo la población había enarbolado alegremente las banderas rojas con la estrella dorada. Siempre recordaré el espectáculo que se ofreció a nuestros ojos. Todas esas banderas que hacían el cielo más azul y amplio. Los hombres y la naturaleza transfigurados, alegres. Los primeros alientos de independencia que nos embargaron.

Seguidamente, el grueso de la compañía se dirigió hacia el Sur, estableciendo a su paso el poder revolucionario, desarmando las guarniciones enemigas y creando nuevas unidades.

En el Cao-Bac-Lang la dirección del Partido había facilitado a tiempo las directrices para la formación del poder popular en el campo, el desencadenamiento de la guerrilla y la recogida de nuevos reclutas. Inmediatamente después del golpe de fuerza japonés fueron constituidas nuevas compañías del Ejército de Liberación. En todas partes abríamos oficinas de reclutamiento. Cerca de Nuoc Hai, más de tres mil jóvenes se enrolaron voluntariamente. En toda la región del Cao-Bac-Lang los campos formaban una amplia zona libre.

Al mismo tiempo, en el centro Bac Son-Vu Nhai, las Tropas de Salvación Nacional se sublevaron, organizaron la guerrilla, instauraron el poder revolucionario y aumentaron sus efectivos. Algún tiempo después, las Tropas de Salvación Nacional y el Ejército de Liberación operaban conjuntamente. La Conferencia Militar de Tonkín celebrada en Hiep Roa decidió la unificación de todas las fuerzas armadas revolucionarias bajo la denominación de "Ejército de Liberación del Vietnam". Seguidamente fue formada la zona liberada, que englobaba las provincias de Cao Bang, Bac Can, Lang Son, Ha Giang, Thai Nguyen, Tuyen Quang y una parte de las provincias de Bac Giang y Vinh Yen.

La situación evolucionaba rápidamente. El movimiento de Salvación Nacional contra los japoneses aumentaba como un maremoto. Pronto se celebró, en Tan Trao, el Congreso Nacional del Partido y el Congreso de los Delegados de la Nación. Entre estos hechos se produjo la capitulación del Japón. La Revolución de Agosto estalló. ¡Había nacido la República Democrática de Vietnam!

Pueblo heroico

Hoang Quoc Viet

1. Primeras armas

Yo era alumno en la Escuela Práctica Industrial de Haiphong. Con ocasión de una visita oficial al Japón, el gobernador general Merlin nos hizo el "honor" de visitar nuestro establecimiento. Solemne recepción, guardia de honor, bayoneta calada, ¡presenten armas!; todo lo que es preciso para intimidar a los espíritus jóvenes. Pero pronto Pham Hong Tahi lanzó una bomba contra el gobernador a su regreso del Japón, y éste escapó de la muerte por muy poco.

La noticia nos sorprendió: ¡Pham Hong Thai no se había dejado impresionar por el despliegue de fuerza! ¡Se había atrevido a hacerlo! Finalmente teníamos a un héroe, no hablábamos más que de él.

El año siguiente, Phan Boi Chau[1] era arrestado, conducido al país y condenado a muerte. Merlin regresaba a Francia, siendo reemplazado por Verenne. En el mes de julio, un mensaje de Hanoi

[1]Phan Boi Chau: ilustrado patriota, líder del Movimiento de Viaje al Este. Admirador de Japón, preconizaba enviar allí a los jóvenes vietnamitas para que efectuaran sus estudios y solicitar su ayuda para reconquistar la independencia nacional. Arrestado en Shanghai en 1925 fue conducido a

nos pidió que presentáramos una petición solicitando la gracia de Phan Boi Chau. Era precisamente la estación en la que Verenne pasaba sus vacaciones en Do Son. Una mañana, al rayar el alba, nos deslizamos fuera de los dormitorios para dirigirnos al distrito de Rao, lugar de paso del nuevo gobernador general en su camino de retorno, con la intención de obligarlo a detenerse y darle en propia mano nuestra petición. Pero nuestro director, enloquecido al no encontrar a ninguno de sus alumnos a la hora de la entrada en clase, nos había perseguido y nos obligó a regresar. Al retorno, nuestros maestros nos castigaron duramente para quitarnos las ganas de volver a empezar. Los golpes llovían de todas partes y nos protegíamos mutuamente, de la mejor forma que podíamos. El más valeroso de todos nosotros, Luong Khuanh Thien, se mantenía en primera fila. En el curso de una pelea un profesor francés llamado Garcy resultó con la chaqueta rota. Nuestros maestros se indignaron y llamaron a la policía. Nosotros replicamos con una huelga.

Entre los treinta huelguistas que aguantaron hasta el final, había tres amigos particularmente unidos: Luong Khanh Thien, Luu Ba Ky y yo mismo, pero fuimos obligados a separarnos, yendo cada uno por su lado para buscar trabajo. Fui a la mina de Phan Me, y después, algunos meses más tarde, me trasladé a la de Mao Khé. En esta última, me acuerdo como si fuera ayer, a los obreros les gustaba oír hablar de la Revolución.

Yo trabajaba en el taller de reparaciones mecánicas. Mientras desmontábamos las bielas, dos camaradas vigilaban cada entrada, y los obreros se agrupaban para oír hablar del proceso de Phan Boi Chau, de los funerales de Phan Chu Trinh,[2] del movimiento

---

su país y condenado a muerte. Una masiva protesta popular obligó a los colonialistas a liberarle.

[2]Patriota partidario del reformismo de la no violencia, preconizaba el apoyo sobre los colonialistas franceses para derrocar a los feudales autóctonos. Arrestado por las autoridades coloniales en 1908, fue deportado a Poulo

Nguyen An Ninh en el Sur, de las actividades de Nguyen An Quoc en la Unión Soviética.

Con los mejores fundé una sociedad deportiva y una caja de asistencia social; se recogían cotizaciones para comprar libros y abonarse a los periódicos.

Ardía por participar en una actividad revolucionaria, pero aún no sabía totalmente en qué vía comprometerme. Muchos jóvenes estaban, en esa época, en idéntica situación.

Luong Kanh Thien había encontrado trabajo en la algodonera de Nam Dinh, y Luu Ba Ky navegaba en el *Chantilly* que hacía la travesía Marsella-Saigón. En sus cartas me hablaban, en términos velados, de la revolución. Yo estaba cada vez más impaciente por tomar contacto con el movimiento.

A principios de 1928 regresé a Haiphong en donde mi trabajo de ajustador me permitió encontrar fácilmente trabajo en los talleres Caron. Poco tiempo después, encontré a Canh, que me presentó a la Asociación de la Juventud. Muy joven, de talla esbelta, era una de las escasas personas que, en aquella época, conocía bien el marxismo.

Era responsable de la juventud en Haiphong, y me hablaba del trabajo, del proletariado y del capital, de la plusvalía, etc… Yo escuchaba ávidamente, mi espíritu se impregnaba de sus ideas como un pedazo de tiza que se mete en el agua.

A mi célula pertenecía también Doai, de la fábrica de electricidad de Cua Cam, Ngo Kim Tai un agente de policía, Tu Bieu y su esposa Tu Gia. Nos reuníamos muy a menudo en casa de estos últimos. Su hijo mayor, que no tenía más de cinco o seis años, jugaba con nosotros, pero también sabía vigilar durante nuestras reuniones.

Condor. Liberado en 1911, fue a residir a Francia. Murió en Saigón el 24 de marzo de 1926.

Por sus funciones, Tai estaba al corriente de todo lo que tramaba la policía, proyectos de redadas, barrios y casas sospechosas, y nos informaba inmediatamente. Cuando se preparaba una acción revolucionaria, se las componía para estar de guardia nocturna. Cuando colocábamos pasquines, él iba al frente y extendía la cola en las paredes. La combinación no se descubrió nunca.

A principios de 1929 la mayoría de las empresas de Haiphong tenían células de base. Había en la fábrica de cemento, en la de electricidad, en la de vidrio, en la algodonera, en los talleres Caron y en los servicios del puerto. En la primavera los obreros presentaron sus reivindicaciones. Poco después Thien era arrestado.

Desde primeros de año, después de haber sido despedido de la casa Caron, pasé a la clandestinidad. Mi célula era favorable a la fundación del Partido Comunista. Todas las células del Norte deseaban lo mismo. A fines de agosto tuvimos conocimiento del manifiesto proclamando la fundación del Partido Comunista Indochino. Inmediatamente los camaradas hicieron un nuevo reparto de las fuerzas revolucionarias. Fui designado para ir a trabajar en el Sur.

En ciertos lugares el trabajo de propaganda era más fácil que en el Norte. Luong y yo compartíamos el mismo domicilio. Cada mañana cocíamos una marmita de arroz a la que añadíamos grasa y sal, y después de haber desayunado, amasábamos el resto para hacer una bola que nos llevábamos. Nos la comíamos al mediodía al borde del camino, al mismo tiempo que intentábamos establecer conversación con la gente. A partir de los hechos de la vida diaria, sugeríamos acercamientos, comparaciones. Nuestros interlocutores eran muy permeables a nuestras ideas. Al ser también obreros, atados a la misma galera, conquistábamos fácilmente su simpatía.

Luong, que era aún un adolescente, se encargaba de los jóvenes. En los barrios obreros fraternizaba rápidamente con la gente: adoraba los niños, y éstos le correspondían. Les enseñaba a cantar, leer y escribir. En Xom Chieu montamos un equipo de fútbol. Pero cuanto más se extendía nuestra influencia, y mayor amplitud adquiría el movimiento, más riesgos corríamos de ser notados. Por otra parte, Luong era un chico guapo y las chicas de los barrios le acechaban y le señalaban con el dedo. Una de nuestras jóvenes vecinas llegó hasta el extremo de romper los periódicos que nos servían de tabique, para echar en nuestro interior indiscretas miradas. Por prudencia pasábamos nuestro tiempo mudándonos de casas.

La Asociación me designó para tomar contacto con el Partido comunista francés. Presentado por Ky, subí al Chantilly para ofrecer mis servicios. A la vista de mi carnet de obrero se me dio empleo.

En el mes de noviembre de 1929 salí para Francia a bordo del *Chantilly*, y una vez llegado a Marsella, me dirigí a una dirección que se me había indicado a la partida. Los camaradas del Partido francés me acogieron calurosamente, se informaron detalladamente de la situación y nos facilitaron libros, documentos y otros medios de trabajo, así como armas de pequeño calibre para nuestra propia defensa. Todo estaba previsto para efectuar nuevos contactos.

A principios de 1930, a nuestro retorno a Saigón, tuvimos noticias del éxito del Congreso de Hong Kong y de la fusión de diversas organizaciones comunistas. Lau y yo fuimos enviados a Tonkín para asistir a la primera reunión del Comité Central del Partido.

Me dirigí a la casa de un camarada que hizo lo necesario para instalarme en la callejuela de Bac Ninh. Estaba muy lejos de pensar que, como consecuencia de la traición de Nguyen Thuong Bien, toda una red del Partido instalada en esta zona acababa de ser descubierta. Por la noche tuvo lugar una gran redada. Acababa apenas de llegar cuando fui arrestado junto con la camarada Tu Gia, antes de haber comprendido lo que ocurría. Tuve el tiempo justo de decirle: "Guarda tu moral." De hecho, durante su larga detención, y a pesar de las más crueles torturas, se comportó heroicamente y se negó a hacer cualquier declaración.

Estábamos prisioneros en la cárcel de Haiphong. A principios de mayo un gran número de camaradas fueron arrestados y conducidos a los mismos locales. Le Thanh Nghi y varios obreros de las minas habían sido aprehendidos, y también habían sido conducidos a Haiphong. Hacía alrededor de una semana que estaba en prisión cuando llegó la fecha del 1° de Mayo. A mi llegada, la cárcel estaba vacía en su mitad, y otras lo estaban completamente. Después del 1° de Mayo, todas estaban llenas a reventar. Los mineros también habían sido conducidos a la cárcel de Haiphong. Le Thanh Nghi, arrestado en el kilómetro 5, fue internado en mi celda. Me explicó lo que había ocurrido en las minas: se había izado la bandera roja, repartido octavillas y banderines. El día 1° de mayo de 1930 había visto desencadenarse una poderosa campaña revolucionaria que afectó a todos los centros obreros.

A mediados del verano, el número de detenidos había aumentado. Hacía un calor sofocante. Para encontrar un poco de fresco nos veíamos obligados a colocar la cuba del agua sobre un banco, a evacuar y a alojarnos en el cemento.

Cuando llegaba la noche se nos hacía salir de nuestras celdas para interrogarnos. Nos sobresaltábamos cada vez que oíamos la llave abrir la cerradura. Noche tras noche permanecíamos, con los dientes apretados, en una espantosa tensión nerviosa, oyendo los estertores de nuestros camaradas que recibían los golpes. Cuando los guardianes arrojaban a uno en la celda, estaba totalmente cubierto de golpes; nosotros le hacíamos masajes para aliviar sus dolores.

Fui golpeado durante diez noches consecutivas. Una vez, me desmayé. Cuando recobré el conocimiento, percibí el látigo que utilizaban para torturarme: el verdugo había golpeado tan fuerte que éste se había deshilachado. El cuero estaba roto y vi en el interior de la vaina un manojo de hilos de cobre. Esta era la explicación de por qué me parecía pesado como el plomo, y por qué sentía tanto dolor después de cada golpe que me propinaban en la cabeza. Era un dolor sin derramamiento de sangre, pero el cráneo se ablandaba y cedía bajo la presión del dedo como una vieja pamplemusa.[3] La sangre afluía a los ojos, que se hinchaban y adquirían un color rojo vivo al igual que los exorbitados ojos de los ciprínidos. Los camaradas me denominaban Chung Vo Diem.[4] Por suerte llevaba una túnica de gasa que me permitía vendarme la cabeza después de cada sesión. Pero los dolores eran lacerantes y tenía que buscar un rincón de la celda para apoyar la cabeza en el ángulo de la pared. Esta posición me proporcionaba un ligero alivio.

Al empezar el invierno fui nuevamente torturado. A causa de los golpes mis pies se hincharon; al regresar a la celda era preciso volverlos a poner en los hierros. De esta forma continué estando enfermo por el resto de mi vida.

Los colonialistas nos condujeron a la prisión de Haiphong, antes incluso de condenarnos, en la que estaban detenidos, igualmente, los miembros del Partido Nacionalista (Quoc Dan Dang). Allí organizamos cursos de instrucción general y de formación política. Los nacionalistas tuvieron, por tanto, ocasión de conocer nuestras actividades y empezaron a simpatizar con nosotros. Intentaban aproximársenos, atraídos por la solidaridad que nos unía. Reservábamos para los enfermos y los más débiles los alimentos más tónicos de entre los que nos enviaban nuestras familias, y repartíamos seguidamente el resto a partes iguales entre los demás.

Estos estudios, y nuestra acción, nos permitían efectuar sensibles progresos. Los condenados de derecho común nos comprendían cada vez mejor, y pronto simpatizaron con nosotros y aprovecharon los trabajos que efectuaban en el pueblo para ayudarnos a establecer contacto con el exterior. Lo mismo ocurría con los detenidos que trabajaban en las oficinas. Entre los soldados franceses

---

[3]Nombre de un árbol cuyo fruto es parecido a una grande y poco sabrosa naranja (N. del T.)

[4]Mujer célebre por su fealdad en la mitología china.

encargados de nuestra vigilancia había algunos que se mostraban muy amables con nosotros.

La vigilancia nocturna era efectuada por unidades metropolitanas. Una labor extremadamente fastidiosa. Al ver que hablaba francés, los centinelas conversaban conmigo. Dos de ellos eran de Marsella; al conocer yo dicha ciudad estaban contentos de hablarme de ella. Este fue el origen de nuestra amistad. Nos daban medicamentos contra la disentería y leche. Suministraban a toda la celda tabaco de pipa y agua. Una tarde, a principios del mes de noviembre, cuando el tiempo empezaba a ser frío, nos preguntaron sobre lo que necesitábamos.

—Dadnos algunos metros de tela de algodón roja. Los soldados franceses nos los facilitaron. En la noche del 6 al 7 de noviembre de 1930 –treceavo aniversario de la Revolución de Octubre– pusimos en práctica nuestro plan. Algunos camaradas que hablaban francés se habían reunido conmigo para entretener a los soldados en un rincón. Durante este tiempo el camarada Phuc An, obrero electricista, y gran escalador, ascendía por el edificio para izar en la cumbre nuestro gran emblema de color rojo brillante.

Al día siguiente los guardianes aún no se habían dado cuenta de nada. No fue hasta las 9 de la mañana cuando el director de la penitenciaría, al regresar de Lac Vien, vio la bandera. Entró en tromba, reunió a todos los guardianes y dejó caer sobre ellos toda su indignación. Los guardianes estaban pálidos como una sábana. Rechazaron totalmente la responsabilidad del asunto sobre los milicianos de la guardia indígena.

—El que haya izado la bandera que suba a quitarla, si ama verdaderamente a su propia piel.

Obligaron a los milicianos a escalar, pero ninguno la alcanzó. No lograron quitarla hasta el mediodía, después de haber sonado las sirenas de salidas de las fábricas, mediante una escalera de bomberos.

Por la tarde, los "presos comunes" nos dijeron que el asunto había provocado mucho ruido en la ciudad. Poco tiempo después, algunos donantes anónimos nos enviaron, por medio de ellos, dulces, medicamentos y otras cosas.

Aún nos quedaba tela roja; la habíamos confiado a los militantes hindúes detenidos, que la escondieron en su turbante, lo que les permitió escapar a los registros más minuciosos.

En el camino que nos conducía a la Corte Criminal de Kien An, enarbolando de improviso la bandera roja gritamos: "¡Abajo el imperialismo!" Inmediatamente el servicio de orden hizo evacuar la calle y entrar a la población en sus casas. Habíamos gritado al máximo para hacernos oír.

La Corte me condenó a perpetuidad al destierro.

Cuando la justicia imperialista concluyó su comedia (un centenar de los nuestros fueron condenados en serie), nosotros desplegamos las dos últimas banderas que nos quedaban y gritamos: "¡Abajo el imperialismo! ¡Viva el Partido Comunista!" Los guardias y los agentes de policía cayeron sobre nosotros inmediatamente.

Nuestra tenacidad hizo inclinarse a nuestro favor a numerosos camaradas nacionalistas:

—Se debe actuar como lo hacéis vosotros, nos decían. Nuestros líderes no hacen otra cosa que esperar la muerte.

Cuando se nos trasladó a la Prisión Central de Hanoi, fue aún más evidente. Al ver que nos dirigíamos a ellos más cortésmente que a nuestros camaradas del Partido, algunos nacionalistas se quejaron y pidieron que se les tratara como a los nuestros. Compartían nuestras diversiones. Entre ellos había notables que imitaban, en el curso de nuestros espectáculos, las inclinaciones y gestos de los oficiales durante las ceremonias rituales. Sus gestos provocaban carcajadas.

Los jefes nacionalistas estaban furiosos: nos acusaban de reclutar a sus afiliados, y se opusieron enérgicamente a nuestro plan de acción conjunta para la mejora del régimen penitenciario. Nosotros reivindicábamos el arroz de buena calidad, verduras, palillos, tazas, etc... Un líder nacionalista se opuso a ello. "La lucha no hace sino agravar la represión. ¿Qué haremos con los platos y tazas para la comida? Los hindúes comen con los dedos y no lo hacen del todo mal."

No le hicimos caso. Frente a una enérgica mayoría, los colonialistas tuvieron que ceder: nos facilitaron palillos y tazas, y nos dejaron preparar a nosotros mismos las comidas.

A fines del año 1931, antes del fin de los grandes calores, se nos embarcó, en Haiphong, en el *Claude Chappe* con destino a Saigón. Se nos encerró en la cala en grupos de diez, encadenados a una gruesa barra de hierro de unos cinco o seis metros de largo. Al bajar a tierra, en todos nuestros desplazamientos, la debíamos llevar a cuestas. Los gendarmes que nos escoltaban nos golpeaban sin piedad. Si uno de nosotros dejaba reflejar en su rostro sus sentimientos, era castigado inmediatamente:

—No estás contento ¿eh?

Y los golpes de látigo caían sobre él, por el crimen de tener piedad por un camarada.

Al avistar el Cabo San Jaime los guardianes tiraron todas nuestras ropas por la borda. No habiendo tenido tiempo para instalar las suficientes celdas en el presidio de la isla de Poulo Condor, nos hicieron desembarcar y esperar. Tuvimos que dormir encima del cemento, y como por las noches el tiempo era fresco, muchos de nosotros cayeron enfermos.

2. Poulo Condor

Desembarcamos en la isla una noche negra, sin luna ni estrellas. El enorme presidio de más de diez hectáreas apareció frente a nosotros, con sus grandes paredes desnudas, detrás de las altas hierbas. En la sombra de los plátanos y las palmeras, más oscura que la tinta, hay algo de las profundidades más sombrías de la selva. Teníamos la impresión de introducirnos en un inmenso cementerio. Franqueamos una serie completa de puertas de todos los tamaños, vigiladas todas ellas por franceses. Caminamos a tientas hasta un espeso batiente de palastro que se abrió con un crujido. Un escalofrío me recorrió la espalda. Comprendí que habíamos llegado al lugar de destino. Aún había otra reja. No habíamos siquiera tenido tiempo de ver dónde estábamos cuando el guardián había cerrado ya las dos puertas a nuestra espalda.

Aquello parecía el fondo del infierno. Teníamos como una especie de venda en los ojos. Extraviados, nos hacíamos preguntas, nos palpábamos mutuamente y no sabíamos qué hacer. De repente se oyeron ligeros golpes en lo alto de la pared. Retuvimos nuestra respiración y levantamos los ojos, pero no distinguimos nada. Los golpes se repitieron.

—¿Qué pasa? ¿Quién es?

—Camaradas, ¿venís del continente?

—Sí.

—Que suba alguno. Tenemos que deciros algunas cosas.

Luong Khanh Thien se ofreció voluntario. Nos unimos para subirle sobre nuestras espaldas. Estaba tan oscuro que no sabíamos hacia qué parte dirigir nuestros esfuerzos.

—Coged estas cerillas, nos dijeron desde arriba. Una caja de cerillas cayó a nuestros pies. Encendimos una. Y descubrimos una amplia sala rodeada de altas camas de campaña que bordeaban las paredes, con fosas sanitarias en ambos extremos de la misma. Las paredes tenían cuatro o cinco metros de alto, y a la altura del techo había ventanales cerrados con gruesas barras de hierro. Subimos a Thien hasta una de estas aberturas. Se agarró a las barras y, haciendo un esfuerzo, alcanzó la parte alta de la pared por la que pudo comunicarse con los detenidos de la sala vecina.

Oímos que allí arriba se utilizaba la expresión "camarada" y nos tranquilizamos.

Cuando Thien saltó a tierra, vimos mediante la lumbre de un cigarrillo que tenía en la mano algunas agujas e hilo. El delegado de los detenidos de la otra sala nos había ofrecido estos modestos obsequios para que efectuáramos nuestras composturas. También nos dio algunos consejos. En primer lugar: prudencia antes de actuar. Los guardianes tenían una pasarela que estaba situada en el techo. En caso de disturbios, pueden abrir fuego inmediatamente. Seguidamente, prestar atención al agua, ataca a la vista y los dientes. Estas advertencias nos hicieron temblar.

Al día siguiente, en la hora de apertura de las puertas, cada uno de nosotros corrió hacia los pozos. ¿Cómo es esta famosa agua de Poulo Condor? ¿Es únicamente agua? Era un líquido ocre oscuro, cubierto de una capa viscosa. ¡Y es con esto con lo que se nos obliga a lavarnos! Debíamos extraer este líquido infecto y conservarlo en un recipiente. Se nos daba una taza de hierro para mojarnos mutuamente. Sólo con pensarlo me produce escalofríos. Al cabo de un cierto tiempo, habiendo observado la existencia de un terreno arenoso en el que se podía encontrar agua clara cavando un poco profundamente, luchamos para obtener la autorización de abrir pozos en él. Los guardianes se negaron a ello; nos metían en la prisión una vez finalizado el trabajo de barrer el patio. En este local sin sol, acabamos teniendo un color lívido. Pronto estuvimos recubiertos de granos y eczemas. Por turnos nos lavábamos dos o tres cada noche, con el agua que se distribuía para beber y que conseguíamos economizar.

La comida aún era más repugnante. Se nos servían correhuelas de agua de un metro de largo, que no habían sido lavadas, metidas en la marmita tal como estaban. También había "la sopa agria": pescado salado cocido con jugo de arroz fermentado. La habíamos bautizado con el nombre de "sopa moto" porque provocaba violentas diarreas cuyos "estampidos" resonaban día y noche en la fosa sanitaria. Teníamos tantos deseos de comer legumbres frescas que algunos recogían hierbas para roer la parte blanca de las mismas. En el mes de septiembre de 1932, sopló un violento tifón que derrumbó algunas construcciones y arrancó los techos. Después de haber permanecido bajo la lluvia y a pleno sol, muchos de los nuestros cayeron enfermos y murieron.

Morir por morir, era mejor hacerlo combatiendo que dejándose asesinar lentamente. Arrastramos a toda la prisión, incluidos los condenados a trabajos forzados, a ponerse a nuestro lado en todas nuestras acciones. Queríamos que se reconociera nuestro derecho a la vida. Los carceleros respondieron con el terror. Pero cada vez, por fuerza, obteníamos una ligera mejora.

Nuestra acción adquirió tanta amplitud y fuerza que el gobernador de la Conchinchina, Pages, tuvo que venir personalmente para ver lo que pasaba. Todo había empezado en la otra prisión, la de los condenados a trabajos forzados, en la que había de cuatro a cinco mil detenidos, entre los cuales estaban los camaradas Ngo Gia Tu, Le Duc Tho, Le Van Luong. Los condenados tenían que abatir árboles para fabricar carbón, ir a la pesca en el mar o bucear para buscar corales. No tenían ropa. Cuando desencadenaron la lucha los guardianes se lanzaron sobre ellos y les golpearon duramente. Se oían los gritos de un extremo a otro de la isla. Nosotros nos habíamos subido a las ventanas y gritábamos para apoyarles. Los guardianes los encerraron. Respondimos con una huelga de hambre y gritos. Los guardianes nos golpearon con porras y las culatas de sus armas. Algunos caían, pero ¿que les importaba?, y caminaban por encima de ellos.

Mi vecino, tendido sobre el frío cemento, tenía terribles accesos de tos.

—Ayúdame, me dijo, no puedo más. Y además estoy tuberculoso. Voy a contaminaros a todos si continúo viviendo. No puedo más. Hazme un favor. Rómpeme el cuello, y no se hable más.

—¡No sabes lo que dices!

—Sí, he reflexionado mucho.

Aquella misma noche, cuando estábamos dormidos, se levantó y se tiró desde lo alto de la pared. Pero no murió. Esto nos hizo reír. Fuimos corriendo hacia él para levantarle:

—¡Tonto! Crees que se puede morir de esta forma. Vamos, ¡es preciso luchar para vivir!

Poulo Condor fue una buena escuela; nos forjó e hizo irreductibles. Gracias a nuestra solidaridad y a nuestra organización lográbamos, poco a poco, algunos éxitos. Primeramente obtuvimos que se abriera la puerta exterior de nuestra sala para poder tener un poco más de aire. Después el tener una lámpara de petróleo durante la noche. Hacia fines de 1933, los guardianes tuvieron que dejarnos ir a trabajar fuera de nuestras celdas. Entonces empezamos a organizarnos.

Establecimos un turno para cavar pozos, plantar legumbres, cocinar, blanquear el arroz para preparar fideos, etc. La mayoría de nosotros poseía un oficio. No eran precisamente ideas lo que nos faltaba. Incluso habíamos fabricado un aparato semimecánico muy práctico para preparar rápidamente los fideos. Pero nuestro gran éxito fue la cría de pollos. ¡Lo que nos faltaba no eran provisiones, ciertamente! El depósito de pescado seco de la prisión formaba un enorme montón de capas superpuestas de dos o tres metros, en las que pululaban los gusanos. Una verdadera montaña de víveres para el corral. Al principio, únicamente criábamos las gallinas por los huevos, que reservábamos para los enfermos. Después llegamos incluso a hacer pollo con fideos una vez al mes, y posteriormente todas las semanas: nuestra granja se desarrollaba. El humo que desprendía nuestra cocina atraía a los carceleros, incluidos los guardianes franceses que se divirtieron probando la sopa: "¡Pero si es mejor que la nuestra!", dijeron.

Posteriormente organizamos partidos de fútbol, en lo que se descubrió que Dong era un excelente delantero centro que pateaba con ambos pies. Nos las compusimos para poder tomar baños reparadores después de estos momentos de esparcimiento.

En todos los edificios de la prisión había células del Partido. En la barraca N° 2 se publicaba una hoja, *Opiniones comunes* (Y kien chung) en la que colaboraban distinguidas plumas: Nguyen Van Cu, Le Duan, Bui Cong Trung, etc. Nuestros programas de actividad estaban tan sobrecargados que nos faltaba tiempo. Llegaban a nuestro poder periódicos procedentes del exterior, suministrados regularmente por los camaradas que servían a bordo de los barcos. También recibíamos las revistas *Lu y Vu*. Seguíamos muy de cerca la situación en el país y en el extranjero. El proceso Dimitrov fue para nosotros el mejor de los apoyos.

Posteriormente se produjo la unión del pueblo preconizada por el Partido comunista francés en 1934, que rompió la tentativa de golpe por parte de las Cruces de Fuego. El movimiento adquiría importancia. Nos aprovechamos de ello para organizar cursos de cultura general y de política. Por mi parte, fue en Poulo Condor donde comprendí la cuestión nacional y campesina.

En las paredes de nuestra sala habíamos colocado un bonito mapa del mundo; la URSS y los sectores de China controlados por los Soviets chinos habían sido pintados de rojo. El director del presidio lo vio, lo arrancó y rompió en mil pedazos. La vez siguiente pusimos un mapa que no incluía zonas rojas, lo que pareció alegrarle. Se acercó a él, señaló el emplazamiento de Moscú, representado por un punto rojo y dijo:

—¿Así pues, no queda más que este punto? –preguntó sarcásticamente.

Uno de nosotros respondió:

—Es pequeño, pero crecerá.

El director respondió con golpes de porra.

A partir de 1934, con excepción de los enfermos, todos estudiaban. Los camaradas Nguyen Van Cu, Le Duan y Bui Cong Trung nos ayudaron a asimilar las teorías revolucionarias. Dong, Ha Huy Giap, Nguyen Kim Cuong nos daban lecciones de cultura general. Poseíamos todos los clásicos marxista-leninistas: los camaradas franceses que trabajaban en las líneas marítimas nos traían libros cada vez que pasaban por la isla. Muy pronto tuvimos a nuestra disposición una biblioteca clandestina. Como no nos atrevíamos a hacer circular los impresos, los recopiábamos a mano, haciendo varios ejemplares, y los habíamos forrado con la tela azul de nuestras ropas. *El Estado y la Revolución*, *El Anti-Dühring*, *Principios fundamentales de filosofía*, etc..., lo que nos faltaba era tiempo. En el curso de un registro los guardianes descubrieron nuestros manuscritos y se asustaron:

—¿De dónde sacáis esto?

—Los camaradas que han estudiado en Moscú los han escrito de memoria.

Esta pasión por aprender parecía no gustar a los sargentos, adjuntos y líderes del Partido nacionalista. Nos denunciaron a los guardianes para que nos confiscaran los libros. Perdimos dos cestos llenos de manuscritos, pero nunca pudieron descubrir los impresos.

Los líderes nacionalistas se habían convertido en colaboradores de los guardianes. Nos odiaban tanto que acusaron a los más activos de nuestros miembros, que fueron sometidos al régimen celular, en unos *in pace* sin ventanas. Yo pasé por ello: se dormía sobre el cemento, al fondo de una verdadera tumba, en la cual el detenido no era más que un cadáver viviente. A las horas de la comida, se deslizaba a través de la puerta una taza de arroz y otra de agua fría, exactamente igual que se hacía en el culto a los muertos.

Para distraer la atención de los guardianes, nos era preciso organizar veladas recreativas. Fue formado un grupo, que empezó representando una obra de Moliere. Nuestros sastres confeccionaron, con sacos de yute, los vestidos realzados con brillantes pasamanerías hechas de ladrillo molido y carbón, ¡un puro estilo Luis XIV! Pero su obra maestra fue la confección de pelucas que parecieron auténticas. Cuong hizo el papel de una admirable marquesa en el *Burgués Gentilhombre*. A estas representaciones invitábamos a los guardianes, y éstos no salían de su asombro. A partir de entonces modificaron su actitud con respecto a nosotros: fueron amables y educados. Los buenos elementos del Partido nacionalista, tales como Nguyen Van Phuc, Tuong Dan Bao y otros muchos, se unieron a nosotros, mientras sus líderes se hundían en su odio. Se veían reducidos a excitar contra nosotros a sus hombres más atrasados que vinieron a molestarnos con barras de hierro y cuchillos. Pero nosotros éramos muchos y estábamos alerta. Entonces empezaron a molestar a aquellos de los suyos que simpatizaban con nosotros.

3. Nueva partida

A partir de 1934, éramos lo suficientemente fuertes como para facilitar la evasión de algunos camaradas. Para ayudar a Ngo Gia Tu en su intento, organizamos una colecta de dinero y víveres (azúcar, miel, carne y conservas). Fracasó casi al final (su balsa desapareció en el mar). Esta tentativa fue seguida por otras muchas, como la del camarada Tong Van Tran en 1935, que se vio coronada por el éxito.

En 1935, los progresos del Frente Popular y del movimiento obrero en Francia nos hicieron creer que el proletariado francés obtendría finalmente la absolución de los condenados políticos y su retorno al continente. Esta esperanza se convirtió en convicción: estábamos convencidos de que tarde o temprano seríamos liberados si el Frente Popular ganaba las elecciones generales.

El estudio de las cuestiones políticas y culturales era muy urgente. Los líderes nacionalistas nos reprochaban nuestra actitud:

—"Sois unos estúpidos –decían–, creéis que los Tay os van a liberar y perdéis vuestro tiempo con esos libracos."

Los periódicos franceses nos informaron sobre el aplastante triunfo del Frente Popular en las elecciones generales del mes de mayo de 1936. No éramos los únicos en desbordar optimismo. Los buenos elementos nacionalistas compartían nuestro sentimiento. La formación del nuevo gobierno nos tuvo sobre ascuas. Un primer contingente de condenados amnistiados había abandonado ya la isla. Después de un verano que nos pareció interminable, habíamos perdido casi las esperanzas, cuando hacia final de año, una mañana, el guardián jefe nos convocó. Con un visible desengaño, nos miró de arriba a abajo –principalmente a los camaradas Duan y Dong:

—¿Cómo, vosotros también? –nos dijo.

—¿Acaso os molesta? Fuimos arrestados sin ninguna prueba, recordadlo.

—Se debería liberar antes a ésos –respondió–, señalando a los líderes nacionalistas. Vosotros sois demasiado peligrosos.

A fines del mes de noviembre, cuando regresé al Norte, las autoridades me condujeron a mi pueblo situado cerca de Bac Ninh. Casi toda mi familia se había dispersado: mi padre había muerto el año anterior a la edad de ochenta años; dos de mis hermanos habían fallecido prematuramente por enfermedad; otros dos trabajaban en las minas de Campha y no habían vuelto desde hacía años. No encontré más que a uno de mis hermanos: vivía miserablemente. Todos mis vecinos se habían empobrecido. Frente a este desolador espectáculo no tuve más que un deseo: abandonar mi pueblo natal y reemprender mis actividades.

Intenté sacar algunos informes a Ly Truong; supe que no había recibido ninguna orden con respecto a mí. Inmediatamente le planteé el problema:

—Aquí no encuentro trabajo, querría ir a otra parte.

—Eso no depende más que de ti.

Sin duda creía que mi presencia no le reportaría más que molestias. Me fui a Hanoi al que afluían de todas partes camaradas, intentando renovar el contacto para impulsar al movimiento. Encontré en primer lugar a Lieu y Trang Long que editaban el periódico *Vivir*.

—Publicamos algunos números a título de prueba, me dijeron. Intentamos alquilar un local y utilizar la sede del periódico como centro de reunión.

Posteriormente encontré a To Hieu, Luong Khanh Thien y Truong Chinh. Nos repartimos provisionalmente en dos grupos: uno semilegal y otro clandestino. Fui agregado al primero y encargado junto con Truong Chinh de la publicación de los periódicos del Partido. Al principio Truong Chinh se ocupaba de las hojas que se publicaban en francés, pero, posteriormente y a partir de octubre de 1937, se convirtió en el director político de todos los órganos de opinión del Partido en Tonkín. Yo no tenía mucho tiempo para escribir. Aseguraba la permanencia en las sedes de los periódicos en lengua nacional. Estaba absorbido por las reuniones, el trabajo de explicación, la dirección política y expedía los asuntos corrientes.

Por primera vez, en pleno centro de Hanoi y bajo el yugo colonialista, editábamos oficialmente periódicos del Partido. Después de haber editado los periódicos clandestinos de antaño, en los que todo se hacía en la sombra, desde la redacción hasta la lectura, calculábamos el precio de estos periódicos impresos a máquina y difundidos a la luz del día. En cada edición instalábamos sobre la mesa la hoja recientemente salida de las prensas y la contemplábamos con admiración. En las imprentas, muchos tipógrafos vigilaban celosamente sobre su jornal para disminuir el coste de fabricación, mejorar la presentación y prevenir contra cualquier intento de sabotaje por parte de los colonialistas.

Era la primera vez que los trabajadores vietnamitas de la prensa elevaban públicamente la voz. Como los miles de corresponsales populares informaban desde nuestras columnas sobre los ecos de su acción y precisaban sus objetivos, las autoridades no podían permanecer calladas. Apoyábamos el mínimo éxito, dábamos a conocer todos los progresos en la acción y organización de masas, poniendo el acento sobre los nuevos factores. Recuerdo que recibíamos tanta información de este género que el periódico *Noticias* no las insertaba todas. Era preciso efectuar estadísticas que publicábamos una vez por semana. De esta forma nuestros lectores podían seguir la evolución del movimiento revolucionario en su conjunto, lo que constituía para ellos un precioso apoyo. Editábamos periódicos ininterrumpidamente. Apenas era prohibido un órgano cuando otro entraba en liza. Nunca dejábamos el frente desguarnecido.

Es suficiente ojear los periódicos legales del Partido de esa época para calibrar hasta qué punto se había apropiado de las masas el espíritu revolucionario. Después de los años de terror blanco, el movimiento había conocido un período de declive, pero ahora partía como una flecha transportada por el viento.

Fue 1937 un año de reivindicaciones obreras. En el Norte, en Hongay y Campha, treinta mil mineros desencadenaron una huelga general. En el Sur los cuatro mil obreros del arsenal de Saigón hicieron otro tanto. En las plantaciones de caucho el movimiento se desarrollaba. Cuando una huelga estallaba en una concesión, todas las demás la seguían.

Pero, sin lugar a dudas, el movimiento más importante fue el de los empleados de ferrocarril del Transindochino. El Partido preconizó esta acción para llevar al movimiento al conjunto del país. Es en este espíritu que los empleados de ferrocarril reunidos en Go Vap (Nam Bo) en mayo de 1937 decidieron elegir el 14 de julio para desencadenar la lucha. Pero ésta estalló prematuramente: los obreros del depósito de Truong Thi tuvieron que protestar contra los malos tratos. Rápidamente obtuvieron el apoyo general. Los empleados de la estación de Saigón volcaron una locomotora para impedir el tránsito por la calle. Los obreros del arsenal de la SIMAC y de la FACI en Saigón y los empleados de la estación de Tour Cham pararon simultáneamente. En el Norte los empleados de Gia Lam efectuaron una huelga de cinco días al igual que los obreros de las hilaturas de Haiphong y los de la papelera de Dap Cau. Los campesinos de la zona del Nghe Tinh rojo, que tenían ya tradicionales alianzas con la clase obrera, apoyaron activamente a los empleados de ferrocarril de Truong Thi, suministrándoles arroz, maíz, patatas y otros alimentos, ofreciéndoles dinero y ayudando a las familias más pobres a instalarse en el campo. El movimiento se extendió a Camboya y Laos, bajo la dirección del Partido comunista indochino.

Junto a los movimientos obreros que se desencadenaban un poco en todas partes, se efectuaban centenares de manifestaciones campesinas. Nuestros artículos contra las exacciones y los impuestos abusivos eran muy apreciados en el campo. Los cultivadores reclamaban el reparto comunal de los arrozales al Norte y en el Centro. Se oponían al acaparamiento de tierras por parte de los propietarios en el Sur. Los mítines celebrados en Van Phuc en la provincia de Ha Dong para protestar contra los impuestos, encontraron un amplio eco en nuestra prensa.

Hacia la mitad del año, en los talleres mecánicos de Gia Lam, un carpintero que había sido golpeado por uno de los vigilantes se abrió el vientre con unas tijeras. Esta forma pasiva de protesta fue el objeto de una encuesta que nosotros dirigimos y cuyos resultados publicamos para despertar la conciencia de clase y extender el movimiento revolucionario. En la compañía de tranvías los trabajadores se mostraron muy activos. Las "mutualidades" no atraían únicamente a los obreros de las empresas industriales: su influencia se extendía hasta los demás sectores. Las asociaciones de carpinteros, albañiles, sastres, aserradores, peluqueros, etc..., crecían como hongos. Las imprentas estaban al máximo de movimiento. La huelga de aserradores obligó a casi todos los almacenes de muebles a cerrar sus puertas. Las mujeres y los niños se unieron a las campañas reivindicativas. Los pequeños comerciantes del mercado de Dong Xuan, después de haber celebrado un mitin contra los impuestos, desfilaron por las calles para ir a presentar una petición al ayuntamiento.

En 1937 se efectuó una gran manifestación de decenas de miles de trabajadores que incluso indujo a los intelectuales a descender a la calle. Fue en ocasión de la recepción del enviado especial del gobierno del Frente Popular, Justin Godard, que recibió miles de peticiones a todo lo largo de su viaje de Norte a Sur. Este amplio movimiento político fue una importante demostración de fuerza, al mismo tiempo que constituyó una prueba que creó las condiciones de éxito de acciones ulteriores.

Hacia fines de septiembre y principios de octubre fui designado por los camaradas para representar a la Federación del Partido de Tonkin en la reunión del Comité Central que debía examinar la situación y definir la línea y los objetivos. Por segunda vez me encaminé hacia el Sur. La reunión del Comité Central se celebraba en Hoc Mon-Ba Diem, en una región de plantaciones de betel en la que las casas no tenían vallas ni estaban cerradas y comunicaban entre sí. La población nos recibió de una forma extraordinaria. Los militantes de base nos trajeron gran cantidad de arroz y alimentos frescos. Si una familia capturaba un gran pez se apresuraba a regalárnoslo. Esta gente ignoraba de qué se trataba exactamente, pero sabían que era una importante reunión del Partido.

Sacando la experiencia de estos primeros años del movimiento revolucionario, la reunión decidió la fundación del "Frente democrático unificado indochino" con objeto de reunir a todos los estratos sociales y a las diversas organizaciones progresistas alrededor de la clase obrera.

En ejecución de estas resoluciones, el Partido decidió reorientar el trabajo de organización del Frente para lograr una mayor interconexión entre las organizaciones legales y semilegales. El movimiento adquirió, gracias a ello, un mayor impulso. Su núcleo central era el Partido, en todas partes reorganizado y consolidado en la base.

Nuestra actividad semilegal no pudo escapar a la vigilancia de los policías.

—Conocemos todos sus escondrijos –nos dijeron.

—¿Cómo es posible?

—Creéis que es difícil. En el lugar donde vivís siempre se encuentra un entablillado desnudo. Por la noche dormís en el suelo. Y era cierto: nuestra vida se resentía, en esa época, de las costumbres austeras adquiridas en la prisión.

Nos entregábamos completamente al trabajo revolucionario sin encontrar el tiempo suficiente para pensar en otra cosa. Vivíamos normalmente en el barrio del Liceo Thang Long. Buscábamos las callejuelas poco frecuentadas, entre la calle del Cobre y el hospital del Protectorado, evitando cuidadosamente las grandes arterias, por miedo a ser notados por la policía.

A partir del momento en que aparecieron nuestros periódicos legales, las masas afluyeron a nuestras oficinas que consideraban como dependencias oficiales del Partido. Los obreros venían a preguntar cómo organizar las reuniones y qué consignas adoptar. Los pequeños comerciantes, los estudiantes, y en resumen todos los que buscaban una ayuda para la defensa de sus intereses, venían en demanda de consejo. Los campesinos de Phuc Yen y de Thai Binh vinieron hasta Hanoi desde el interior de su provincia para solicitar nuestro apoyo.

Muchos de los lectores que venían a establecer relaciones con nuestros periódicos se adherían seguidamente y se convertían en activos militantes. Era precisamente este contacto con la masa lo que constituía la fuerza de nuestra prensa. Por otra parte todos los semanarios y periódicos vietnamitas eran afectados de una manera general por la gran corriente reivindicativa que agitaba a las masas. Muchos periódicos se vieron obligados a cambiar de actitud. Se plantearon los problemas en términos más claros, precisaron su punto de vista, muchos periodistas vieron la situación más claramente, las plumas se afilaron y fueron más osados. Si se comparan los periódicos de antes y de depués de 1936, se debe reconocer que nuestra prensa hizo grandes progresos, como nos dijeron nuestros compañeros en el curso de las reuniones de la Amistad de los Periodistas, o en ocasión de los encuentros organizados por el Frente Democrático. Algunos intelectuales del grupo *Hoy* habían sido también conquistados por el ambiente, y apoyaban al Frente.

El Movimiento ha enriquecido el lenguaje, nos decían: en la política y la polémica, el estilo es ahora más incisivo.

Al mismo tiempo que los periódicos, editábamos un gran número de fascículos marxistas sobre el comunismo, la evolución social, la lucha de clases, el papel histórico de la clase obrera, la Unión Soviética, el Frente Popular francés, el Frente Popular español, la Revolución China, etc. Recuerdo que aparte de estas obras más bien didácticas, habíamos publicado una obra bastante importante del camarada Tran Dinh Long: *Tres años en la Rusia Soviética.* Publicado primero como un folleto, y posteriormente como un libro, este primer reportaje político revolucionario obtuvo un gran éxito. Muchos escritores y poetas empezaron a dirigirse hacia el pueblo y las masas trabajadoras. En resumen, acabábamos de efectuar un paso hacia adelante en el frente ideológico.

Hacia finales de 1937, visité un día al camarada Truong Chinh, hospitalizado en Bach Mai como consecuencia de una afección pulmonar. Como siempre hablamos del trabajo y llegamos a la conclusión de que nuestras publicaciones, a pesar de su número, no alcanzaban demasiado a los obreros, los campesinos y los trabajadores en general: ni unos ni otros sabían leer ni escribir. Se decidió que el camarada Phan Thanh hiciera una gestión con Nguyen Van To para impulsarle a solicitar la autorización para fundar la Asociación para la difusión del Quo Ngu.

4. La clandestinidad

Un día de 1938, el director de la Policía de Hanoi, Laneque, me convocó a su despacho para decirme:

—Usted que es periodista, ¿por qué se pasa todo el día reuniéndose con unos y otros en el fondo de su despacho? El Sr. Chatel no quiere verle más en Hanoi.

Recibí una orden de expulsión. Los camaradas se despidieron de mí y salí de la ciudad en las horas más febriles de este período, en el momento en que Hanoi se preparaba para la gran manifestación del primero de mayo de 1938 que tuvo una repercusión sin precedentes.

Era el tiempo en que Daladier permanecía callado frente al Anchluss esperando capitular vergonzosamente en Munich. Las tropas japonesas ejercían su ofensiva en el Ho Nan (China del Sur). Los reaccionarios franceses de Indochina esperaban la ocasión para romper el movimiento popular.

Fui enviado al campo para crear bases en los pueblos. A mi llegada a Bac Giang, trabajé en casa de un camarada carnicero para tener una tapadera. Una inundación había llevado el hambre y la miseria a la región. El mandarín que era el jefe de la provincia Dan Quoc Giam, me mandó llamar tan pronto supo de mi presencia:

—Me gustaría saber con qué intención has venido aquí.

—Busco un empleo.

—Por favor no me engañes. Se sabe de sobra que estás por encima de esto.

Cuando vio que no me sacaría nada intentó comprarme:

—Si tienes necesidad de dinero no te preocupes.

—Gracias señor. Pero creo que es mejor que guardéis vuestro dinero para quienes lo necesitan. Yo tengo mis dos brazos para vivir.

En Bac Giang, cada vez que deseaba comunicarme con los camaradas de Hanoi, debía pasar por nuestras bases de Luc Lieu y de Tan Ap, en las que los agentes de comunicación se encargaban de transmitir mis cartas con sus propias manos. A mediados de 1939 los imperialistas franceses se aprovecharon de la situación internacional para pasar a la acción contra nosotros. Inquieto por el cariz de los acontecimientos, escribí a Truong Chinh para solicitarle que convocara una reunión que discutiría mi paso a la clandestinidad. A lo que él me respondió sustancialmente: “El Partido está de acuerdo contigo, y ha tomado una resolución al respecto. Prepárate para partir.” Entonces pasé a la clandestinidad.

En el curso de nuestras entrevistas sobre el banco de arena cerca de Hanoi, Hoang Van Thu me había hablado a menudo de la alta región. En el marco de la opresión colonialista que pesaba sobre todas las nacionalidades, las minorías montañesas estaban aún más duramente oprimidas, que los pueblos del delta. Además de los impuestos sobre los arrozales tenían que pagar igualmente por sus búfalos, el alcohol, las aves y los productos forestales. Durante todo el año debían asegurar los trabajos no remunerados, tales o las jornadas de prestación para la construcción caminos y carreteras, o trabajar por cuenta del mandarín y de los notables. En los años que precedieron a la Segunda Guerra Mundial, la construcción de las carreteras estratégicas de Thai Nguyen-Bac Son y Dinh Ca-Trang Xa fue una causa de espantosa miseria para todas las poblaciones de estas regiones. Los imperialistas franceses contraponían a unas minorías con otras, los Nung contra los Kinh, los Tay contra los Man y recíprocamente. No había nada más peligroso.

Esta zona estratégica había atraído, desde hacía mucho tiempo, la atención de nuestro Partido que estableció bases en Cao Bang y Lang Son desde 1930, y en Bac Son y Dinh Ca desde 1933. A causa de su alejamiento y de su difícil acceso, esta región escapó más o menos al control de los imperialistas. Esta es la razón por la cual pudo desarrollarse allí un movimiento de cierta importancia durante la época del Frente Democrático.

Después de mi paso a la clandestinidad, recibí una carta del camarada Hoang Van Thu, en la que me decía: "La guerra es inevitable, debemos atribuir mucha importancia a la alta región. Ven a verme. Tengo una base de acción en Dinh Ca."

Por primera vez iba a militar en la región alta. ¡Qué diferencia con relación a las ciudades y a las aglomeraciones obreras en que había vivido estos años febriles!; incluso los mercados y los pueblos del delta tenían mayor animación que estas aldeas perdidas. Pero fueron precisamente estas selvas deshabitadas y silenciosas las que iban a convertirse en la cuna de la República Democrática de Vietnam y en el reducto inexpugnable de nuestra larga resistencia.

El camarada Chu Can Tan me presentó a los elementos más avanzados. Después de dos semanas de visitar a unos y a otros para conocerlos mejor, me decidí a organizarlos y a abrir un curso de iniciación política. Como la meseta no estaba sometida al terror colonialista como el delta pudimos arbolar libremente en la selva la bandera roja con la hoz y el martillo para conmemorar el aniversario de la Revolución de Octubre.

Una vez creada la base de Dinh Ca, solicité a Chu Van Tan que me dejara establecer contacto con otros elementos para fundar nuevas células. Me condujo a Trang Xa, a diez kilómetros de Yen The, y posteriormente al pueblo de La Bang, en el distrito de Dai Tu. Al igual que en Dinh Ca, la gente no había sido aún afectada por la represión, no temía desplazarse para asistir a las reuniones. Así, pues, pude asentarme en esas montañas, efectuando continuos viajes entre La Bang y Dinh Ca. Poco tiempo después me introduje en Yen Khanh y Yen Thuan, dos comunidades parroquiales habitadas por campesinos católicos y no católicos. Al principio, mientras no amplié la esfera de influencia de nuestra primera red, debía pasar la noche, en cada viaje entre los zarcos utilizados para secar el *paddy*, situados por encima de los establos de los búfalos.

Un día, hallándome sobre una de las armazones del establo, fui despertado sobresaltadamente por las campanas de la iglesia que tocaban insistentemente. ¿Se habría notado mi presencia? ¿Por qué tocaban a rebato? ¡Me estaban buscando! Esperaba ver llegar a los franceses de un momento a otro. Permanecí donde estaba, creyendo que esto era mejor que arriesgarme a salir al exterior. Las campanas continuaban tocando. Hacia el mediodía, cuando el hijo de la persona que me había albergado vino a traer a su búfalo al establo, saqué la cabeza para decirle que fuera a la parroquia para informarse sobre la razón de ese interminable campaneo.

—Francia está perdida, me dijo el muchacho a su regreso. Se tocan las campanas de la iglesia para orar por su salvación.

Salté al suelo inmediatamente. Esa era la ocasión: ahora o nunca. Escribí inmediatamente a Hoang Van Thu para que me diera una cita. Voló a mi encuentro; mantuvimos una rápida entrevista en el mercado de Dai Tu.

—Es preciso ampliar y reforzar aún más nuestra influencia en la región, me dijo Thu.

Impulsamos la creación de nuevas ramificaciones en los alrededores. A principios del otoño, un campesino de Dihn Ca nos informó de la insurrección de Bac Son, la conquista del puesto de Von Nhai y la captura del jefe local del distrito.

Redacté un folleto destinado a los soldados franceses para recordarles el ejemplo de los *communards*, llamándolos para que volvieran sus armas contra los colonialistas en vez de disparar contra los insurrectos. Después me dirigí rápidamente para preparar junto con Hoang Van Thu una reunión del Comité de Tonkín en el curso de la cual el camarada Ninh fue designado para dirigir sobre el terreno la insurrección de Bac Son. La VII Conferencia del Comité Central se celebró en el pueblo de DinhBang, en casa de Datn Thi, un campesino muy unido a la ·revolución. Todos sus hijos estaban en el Partido. Su hijo mayor Lim había sido detenido. Temiendo que su vivienda fuera vigilada por la policía, propusimos trasladarnos a otro local, pero el viejo se mantenía firme en su idea:

—Ahora que Lim ha sido juzgado y enviado a prisión, todo está en regla, la casa está tranquila. No tenéis nada que temer.

Así que la reunión se efectuó en su casa, en un rincón bien camuflado. A la mitad de los debates, pasado el mediodía, se oyeron, desde el patio, las voces agudas de un mestizo francés, que llegaban por sobre nuestras cabezas. Thu se golpeó la pierna:

—¡Alerta! –dijo.

Al escuchar los primeros ruidos, sin pronunciar palabra, recogimos todos los documentos y saltamos a la terraza. Se transmitió la consigna en el mismo momento en que nos retiramos:

—Continuamos mañana en Tam Son.

Inmediatamente supimos que nos había delatado un elemento poco firme: que arrestado no supo permanecer callado. Había conducido a la policía hasta el lugar de la reunión. Pero no era ese el momento para hacer comentarios.

De la terraza saltamos uno tras otro a la carretera, que pasaba por la parte posterior de la casa y, como todos los caminos del pueblo no comunicaban entre sí, todos pudimos escapar. Los que tenían buenas piernas corrieron hasta Tam Son. Yo estaba lastimado de los pies y, por eso, iba de los últimos. Oía los comentarios de los vecinos que nos tomaron por una banda de jugadores descubiertos por la policía diciendo a mi paso:

—Mirad a éste. Tiene una barba hasta el mentón y aún juega como un loco.

Instintivamente me llevé la mano al mentón. Mi barba: podía perderme. Saqué una navaja del bolsillo e intenté cortarla sin dejar de caminar. Como la hoja no cortaba, me tendí al borde de un arrozal y la afilé sobre un montón de arcilla. Con la cara limpia, levanté la vista, y vi frente a mí la iglesia de Cam Ginag.

En este pueblo teníamos un refugio. Me deslicé entre los bambúes y entré a la casa de un camarada para cambiarme de ropa. Allí, aunque no había nadie, encontré, sobre el altar, un turbante blanco y una túnica del mismo color semejante a las que usan los miembros de la familia para acompañar al féretro hasta su última morada. No tenía elección. Reemprendí el camino con ese vestido solemne y macabro, en dirección a Tam Son. Cuando llegué al lugar de reunión, golpeé la puerta con la señal convenida. Alguien abrió la puerta y al ver esa fúnebre aparición dio media vuelta sin abrirme. Pero el camarada Hoang Van Thu me reconoció y me hizo entrar conteniendo la risa para no molestarme.

A esta reunión asistía el camarada Phan Dang Luu, que debía hacer un informe sobre la situación en el Sur del que era delegado. Nos dijo que varios regimientos de tiradores iban a ser transferidos muy pronto al frente de Thailandia. La tropa estaba cansada de la guerra y se mostraba dispuesta a sublevarse. Luu pidió su opinión al Comité Central acerca de la resolución referente a la insurrección adoptada por el Comité de Conchinchina.

Se consideró negativamente, y Lu emprendió su camino a toda prisa para transmitir con la mayor rapidez posible al Comité de Conchinchina la orden de frenar todos los preparativos. Los debates continuaron sobre otras cuestiones inscritas en el orden del día. La situación había evolucionado rápidamente. Los franceses capitularon frente a los japoneses.

No satisfechos con entregarles Indochina, estaban ayudándoles a consolidar las bases para iniciar las operaciones contra China y la expansión nipona en el sudeste asiático. Bajo el doble yugo del colonialismo francés y del militarismo nipón, los pueblos indochinos, principalmente las masas obreras y campesinas, cuyo destino no había sido envidiable antes de la guerra, iban a ver cómo se agravaba su situación.

Eran las vísperas de un terremoto revolucionario. Nuestro Partido debía estar, preparado para atrapar al vuelo la ocasión de desencadenar la insurrección general, apropiarse del poder y reconquistar la libertad y la independencia. Después de una apretada discusión del proyecto de programa, el camarada Thu fue designado para tomar personalmente la responsabilidad del movimiento insurreccional de Vu Nhai y Bac Son, que entonces estaban en retroceso, y de darle un carácter político y una organización clandestina con el fin de preservar por todos los medios las fuerzas de la revolución.

Yo trabajaba, en el delta tonkinés, en compañía del camarada Truong Chinh, para consolidar las bases del Partido entre los campesinos de las provincias de Hoa Dong, Hung Yen, Ha Nam y Thai Binh. Posteriormente emprendí camino hacia la región del alto y del bajo Ca Son, en el distrito de Phu Binh, provincia de Thai Nguyen, como comisario politico del primer estadio de instrucción militar. Poco después, el Comité Central convocó la VIII Conferencia del Partido y se nos hizo saber que a ella asistiría un delegado de la Internacional comunista.

Los miembros de nuestra delegación se habían dado cita en el pueblo de Phat Dinh Ca, en el que permanecieron dos semanas para acabar de ultimar sus preparativos. El lugar de reunión estaba situado más allá de la frontera vietnamita. Cuando apenas habíamos efectuado una parte del camino vinieron a advertirnos algunos campesinos de la región:

—¡Atención! Hay barreras de control en la carretera principal.

¿Qué debíamos hacer? Dudábamos aun cuando Tai, el cuadro de la región que nos servía de guía, nos sacó del atolladero:

—No os inquietéis. Nos adentraremos en la selva y nos abriremos paso con el machete.

Esta solución parecía lógica. Sin embargo, había algo que me preocupaba:

—¿Has hecho alguna vez este viaje?, le pregunté. Acabó confesando que, hacía tiempo, había transportado opio de contrabando. Era categórico:

—Es una pista que nadie conoce. La he tomado más de una vez. Os digo que la conozco bien y que no tenéis nada que temer.

Se buscó un machete para cada uno de nosotros.

Tai iba al frente, apartando los follajes, para encontrar las huellas del antiguo sendero. Con la mano nos señalaba los matorrales, las ramas y los arbustos que debíamos abatir.

Cuando tenía dificultades para orientarse, buscaba un lugar en el que pudiéramos descansar, y subía a la copa de un árbol y fijaba el rumbo antes de reemprender el camino. En cada alto iba a preparar la comida en casa de una de sus amistades y nos la traía hasta la selva. A veces nos albergábamos en casas de gente de la que estaba totalmente seguro.

Para orientarse, rodeaba con sus brazos el tronco de un árbol y tocaba la corteza en todos los sentidos: "El lado en que la corteza está caliente, es el de poniente."

Nos acercábamos a Van Michy That Khe, en donde la vigilancia de los puestos era bastante severa. Había mucha gente en los caminos: era día de mercado. A lo lejos, sobre la carretera principal, los automóviles pasaban sin cesar. El asunto se complicaba. Una vez más Tai tuvo una idea:

—Tenemos el río que transcurre hacia Long Tcheou. El viaje se puede hacer en un día y una noche. Si os parece bien puedo construir una balsa: ningún control, ningún riesgo.

La vía de agua nos convenía aún más debido a que el camarada Ninh sufría un ataque de fiebre: sus piernas no le aguantaban. Seguimos a Tai hasta la selva para construir la balsa. Un paraguas resguardaba al enfermo del sol y el rocío. Navegábamos sobre el Ky Cung, que es el único curso de agua vietnamita que remontándose hacia el norte llega hasta China; es un impetuoso torrente, cortado por varios rápidos. Debido al color verde de sus aguas, el Ky Cung recuerda al río de los Perfumes de Hué. Desde la orilla los gambusinos que estaban colando la arena, nos tomaban por contrabandistas de opio y gritaban a nuestro paso:

—¿Queréis cambiar vuestro opio por oro? Algunos pescadores que encontramos durante la jornada nos vendieron algunos hermosos ejemplares capturados en aguas profundas. A menudo, remábamos en un hilo de agua, entre dos paredes de vegetación que se inclinaban sobre la superficie líquida.

En muy poco tiempo tuvimos a la vista el puerto de Van Mich. Decidimos descender a tierra para rodear la montaña, dejando la balsa a la deriva para recogerla después.

Cuando retomamos la balsa nos pareció más ligera. Así, franqueamos el puesto. Viajábamos alegremente bajo la luz de la luna, charlando sobre las labores estratégicas que nos aguardaban. Cerca de la frontera fue preciso abandonar la balsa y emprender el viaje a pie hacia una localidad habitada por las minorías Tay y Phan Sinh. Thu marchaba a la vanguardia; a nuestra llegada toda la población se precipitó a nuestro encuentro para acogernos:

—¡Ly! ¡Ly ha regresado!

Los habitantes del pueblo le rodeaban como si se tratara de su hijo. Se lo disputaban para tenerlo en su casa y para que permaneciera en ella algunos días. Sonreía a todos, preguntaba cosas a todo el mundo y llamaba a los niños por su nombre. Cuando supieron que pensaba irse muy pronto se enfadaron. Era necesario responder a esta calurosa acogida. Convinimos en que cada uno de nosotros visitaría una familia para brindar con los viejos y los hombres. ¡Verdaderamente eran una gente fabulosa! Cuando nos despedimos, los niños se colgaban de la ropa de Thu y las mujeres le hacían prometer que pasaría por allí a su regreso.

Tuvimos que abandonar a nuestros amigos, al amparo de la noche, para pasar la frontera antes del alba. La luna declinaba detrás de los montes. Estábamos en uno de esos circos montañosos que tienen algo de irreal, característicos de estas regiones limítrofes de China y Vietnam. Caminábamos con paso alegre ascendiendo hacia las alturas. La niebla ascendió, rodeando a la luna con un halo de bruma. El día empezaba a nacer. Nuestros corazones, ebrios de espacio, latían, fuertemente.

—¡Y pensar que sólo es suficiente un paso!

Acabábamos de traspasar la frontera. Thu nos condujo a casa de una camarada del Partido Comunista chino. Habíamos tomado la precaución de esconder previamente nuestros fusiles en la colina.

—¿Por qué diablos habéis dejado vuestros fusiles allí arriba? Traedlos a la casa. En China todo el mundo tiene fusil, nos dijeron sonriendo los camaradas chinos.

Estábamos en el distrito de Ho Trung, provincia de Chen Si. El camarada Thu estaba en un lugar conocido para él. La alegría de la llegada pronto recibió un duchazo de agua fría: el delegado de la Internacional se había ido dejando una carta.

5. La guerra mundial

Conforme a las instrucciones de la carta volvimos al país por una vía poco frecuentada. Tras un día de marcha nos encontramos en la provincia de Cao Bang, que se había distinguido por una manifestación realizada durante la visita de Justin Godard, en la época del Frente Democrático de Indochina. Las semillas de la revolución, sembradas con anterioridad en este rincón perdido en el fondo de las montañas, habían crecido maravillosamente y echado profundas raíces. Después del gran terror de los años 1930-1931, cuando el movimiento revolucionario sufrió un retroceso en todo el país, Cao Bang fue una de las escasas provincias que logró mantener sus posiciones.

A lo largo de la ruta que debíamos tomar, la sección de Cao Bang había colocado secretamente centinelas. Cuando nos encontramos con el Comité Provincial del Partido, le aconsejamos que estuviera aún más alerta, que extendiera su red de información para seguir muy de cerca la actuación del enemigo. Nuestro guía nos llevó aún más lejos por rutas selváticas. Caminamos hasta no poder más para llegar a un lugar totalmente salvaje. Atravesamos arrozales en terrazas y el lecho de un arroyo y desembocamos en un estrecho valle encajado entre abruptas montañas. Desde lejos percibí a un anciano vestido con ropas hechas de tela color índigo, que a primera vista se hubiera podido tomar por alguien sin importancia de la región. N os acogió con la sonrisa en los labios. Era un hombre delgado, con los ojos brillantes y una barba negra. Sólo entonces los responsables de la delegación me lo presentaron:

—El delegado de la Internacional, el camarada Nguyen Ai Quoc.

La perspectiva de encontrar al delegado de la Internacional me había llenado de alegría. ¿Cómo explicar lo que sentí al constatar que era Nguyen Ai Quoc en persona el que estaba allí? Su nombre era como una bandera para todos los vietnamitas que sufrían al ver esclavizada a su patria.

Nuestra reunión se celebró en la aldea de Pac Bo, en el distrito de Ha Quang, en un lugar tan espeso de la selva que a menudo nos íbamos, por la mañana, hacia los arrozales para respirar un poco de aire y practicar algunos ejercicios. Imagínense una cabaña al borde de un arroyo que se desbordaba en los días de lluvia. No había otro mobiliario que una especie de tabla de bambú, alrededor de la cual cada uno se sentaba en un tronco. Fue en esta cabaña, perdida en la selva misteriosa, donde se tomaron decisiones que luego jugarían papel prominente en nuestra historia.

Todos sabemos, en Vietnam, que fue esta VIII Conferencia del Comité Central la que, partiendo de las contradicciones fundamentales del Vietnam de entonces, decidió la nueva política del Partido frente a las diversas clases y la táctica de propaganda y de agitación que respondiera a la coyuntura nacional. Entre las sesiones el tío Ho se entrevistaba con cada uno de los delegados. Dos o tres veces me preguntó sobre la vida de las masas, y la incidencia de la doble ocupación francesa y japonesa sobre su nivel de vida. Subrayé el empeoramiento de las condiciones de vida de los trabajadores, principalmente después de la entrada de Japón en Indochina: incautación del *paddy* por los franceses; actos de saqueo del ejército nipón y, más recientemente, acaparamiento de las tierras para la construcción de aeropuertos y cuarteles; atrocidades cometidas por la Kampetai (gestapo japonesa): en Gia Lam un viejo había sido ejecutado en condiciones terribles. Sospechoso de haber cometido un robo, lo ataron a un caballo que lo arrastró al galope. Otra vez me preguntó sobre nuestras fuerzas, la organización de las masas populares, la situación material de nuestros cuadros, cómo se desplazaban, cómo se las arreglaban para no ser descubiertos por los delatores, etc. Se interesaba por los menores detalles.

Esta Conferencia me ayudó a comprender mejor muchos problemas. Cuando el tío Ho pronunció el discurso de clausura, me pareció que acababa de caer un velo y que nacía un nuevo día.

Desde mayo de 1940, el tío Ho preveía la agresión de Hitler contra la Unión Soviética, la derrota de los nazis y la victoria soviética. Nos habló de la revolución en Indochina: "Tres insurrecciones se han sucedido en el espacio de algunos meses: en Bac Son, en Conchinchina y en Do Luong. Esta es la prueba de que nuestro pueblo es un pueblo heroico, que sabe comprender la situación política, y que no espera más que la ocasión para sublevarse. El Partido debe exaltar el espíritu revolucionario y el patriotismo de todos los estratos sociales, concentrar todas las fuerzas con vistas a la liberación nacional para expulsar a los franceses y a los japoneses, y orientar todas sus actividades hacia esta labor clave: la salvación de la patria."

La Liga Viet Minh fue fundada en este valle de la jungla de Pac Bo. Cuando fue preciso escoger un nombre susceptible de agrupar a las masas en el seno de un Frente Nacional unido, descartamos el adjetivo "anti-imperialista" debido a que era demasiado duro, y la expresión "sublevamiento nacional" porque había sido mancillada por los pro-nipones. Se adoptó finalmente la apelación "Liga para la Independencia de Vietnam", abreviada Viet Minh. El tío Ho redactó personalmente los diez puntos del programa. Al finalizar la Conferencia, escribió una *Carta abierta a todos los vietnamitas* que firmó: Nguyen Ai Quoc; este documento, redactado en caracteres demóticos y caligrafiado por él, nosotros lo reproducimos en el delta, y fue objeto de una amplia discusión. Después de tantos años pasados en el extranjero, el tío Ho no había olvidado los caracteres demóticos tradicionales. Al leer una carta escrita de esa forma, la gente del campo, y principalmente los viejos, inclinaban la cabeza en signo de aprobación y satisfacción.

La Conferencia había finalizado. Nos preparábamos para reemprender el camino cuando ocurrió un incidente que nunca olvidaré. Los delegados del Sur se disponían a separarse de nosotros debido a que el camino que tenían que recorrer era largo. El tío Ho fue a verles:

—Así pues, camaradas, ¿concluyeron los preparativos?

—Estamos preparados, totalmente preparados.

—¿Habéis pensado en lo que os he recomendado? ¿Nadie lleva sobre su persona los documentos de la unión, no es verdad?

La verdad es, que en previsión de las dificultades de comunicación con el Comité Central, nuestros camaradas del Sur habían copiado los textos en minúsculos pedazos de papel que habían escondido cuidadosamente enrollados en las cintas de sus vestidos. El tío Ho exigió la destrucción de estas copias y les advirtió severamente:

—Lo he dicho y repetido, pero no queréis escucharme. No debéis llevar nunca documentos sobre vosotros. Si el enemigo os detiene, no seréis los únicos en sufrir las consecuencias. Los más jóvenes de vosotros tienen más de veinte años, y los mayores treinta. ¿Se dan cuenta de lo que ha costado convertiros en los hombres que sois actualmente? Si os ocurre algo no se os podrá reemplazar inmediatamente. Oídme bien: un agente de comunicaciones se encargará de transmitiros a domicilio todos los documentos de esta reunión, yo respondo de ello.

Esto constituyó para nosotros una lección práctica, que aplicamos inmediatamente en nuestra actividad clandestina. A la salida de las reuniones, no llevábamos documentos sobre nosotros, y encargábamos a los agentes de enlace la tarea de traérnoslos.

Una larga experiencia había hecho que el tío Ho estuviera siempre alerta. Más de una vez pudimos verificar lo bien fundado de sus principios.

Salí de Cao Bang con Truong Chinh y Hoang Van Thu, Dimos un rodeo en territorio chino para regresar al país por la ruta de Taht Khe. Estábamos apunto de llegar a Binh Gia cuando divisamos una patrulla montada de la guardia indígena, conducida por un suboficial francés. Desde la altura que estábamos hubiéramos podido sorprenderlos indiscutiblemente. Pero disparar, era darse a conocer inmediatamente. Nos conformamos con escondernos en las altas hierbas de la colina; pasaron a nuestro lado, al indolente paso de sus monturas.

El puente de Binh Gia estaba custodiado por dos milicianos. La noche únicamente estaba iluminada por el resplandor de las estrellas. Nos acercamos cautelosamente y apuntamos nuestras *Packhorses* contra sus sienes. Nos los llevábamos con nosotros, para liberarlos posteriormente después de tres o cuatro kilómetros de marcha, no sin haberles hecho un poco de propaganda. Dejamos cuidadosamente huellas a nuestro paso, cajas de cerrillos y trozos de papel para atraer a los perseguidores, y después volvimos sobre nuestros pasos y, a través de las altas hierbas, alcanzamos un pequeño valle encajado entre altas montañas. Allí teníamos una barraca que constituía un lugar de reunión.

Con Truong Chinh y Hoang Van Thu me dirigí a casa de un campesino para pasar allí la noche. El camarada Quy, de la jurisdicción china, nos servía de vigía. Estábamos a punto de empezar a cocinar cuando se advirtió la presencia de un extraño en la barraca. Había burlado la vigilancia de los hombres de guardia, que lo tomaron por uno de los nuestros. Al notar su presencia, Quy saltó de la casa para detenerlo. Pero el otro huyó apresuradamente. Quy subió precipitadamente:

—Rápido, el *Packhorse*. Y corrió en pos del desconocido que se hundía en la selva. Le disparó, pero falló. Según los hombres del lugar se trataba de un delator. ¡Sabían dónde estábamos! Sin perder tiempo en comer, reunimos nuestras cosas para irnos. A la gente del lugar les aconsejamos que advirtieran al distrito, y que les dijeran: —"Unos desconocidos han venido a solicitar hospitalidad, pero como nos hemos negado a ello, se han marchado inmediatamente." De esta forma estarían a cubierto en caso de represión.

Entre Bac Son y Trang Xa, el terreno estaba vigilado. Tuvimos que pasar por medio de la montaña a través de hierbas punzantes. De vez en cuando una bala silbaba en nuestros oídos. Los franceses del puesto y el bang-ta (autoridad local), situados en el camino, lanzaban a sus hombres a buscarnos en todas las veredas de la sierra.

A la llegada a Trang Xa, estaba solo con Truong Chinh. Los camaradas que habían salido de exploración aún no regresaban. La noche era negra, y a pesar de que conocía perfectamente el camino, resultaba incapaz de orientarme. En un arroyo seco reconocí, finalmente, los bloques de piedra verde pulidos sobre los que recordaba haber celebrado una reunión con los camaradas. Después de indicarle a Truong Chinh una caverna en la cual esconderse, me deslicé a la casa de Mao, un simpatizante que vivía en las inmediaciones de la selva. Al verme se sobresaltó:

—¡No hace ni cinco minutos que han estado aquí! ¡Han registrado todo el pueblo!

—¿Se han ido? Ahora nos toca venir a nosotros, ¿no es cierto?, dije sin alterarme.

¡Pero habíamos escapado por muy poco! Estas últimas jornadas fueron un interminable juego del escondite. Fuéramos donde fuéramos siempre se nos adelantaban. Intuían nuestra presencia y por todas partes nos tendían emboscadas.

A la luz de antorchas se nos condujo, a Truong Chinh y a mí, a la sede del Comité local del Partido, establecida sobre la montaña. Truong Chinh trajo las nuevas resoluciones del Comité Central para que las conocieran los combatientes del destacamento armado "Para la Salvación de la Patria", dándoles, de ese modo la primicia de la nueva política del Partido.

Los primeros rayos salidos de la jungla de Pac Bo venían a iluminar las crestas de Trang Xa en donde acampaba el primer destacamento armado del Partido.

Permanecí algunos días en Trang Xa con Truong Chinh y Hoang Van Thu para solucionar algunas cuestiones. Debido a la nueva agresión nazi contra la Unión Soviética pensamos, por un momento, enviar a alguien para solicitar al tío Ho instrucciones complementarias. Pero en aquel mismo momento, y a causa de la miserable traición de un Cong, los colonialistas situaron a sus hombres en todos los caminos para atrapar a los delegados del Partido que regresaban de la Conferencia.

La situación en Bac Son y Vu Nhau les inquietaba: el fuego de la insurrección que comenzara el año anterior ardía aún; las fuerzas armadas de nuestro Partido se mantenían; el movimiento clandestino no dejaba de ganar terreno.

Fueron llevadas tropas de Lang Son y Thai Nguyen, para desencadenar una segunda oleada de terror en el sector Bac Son-Dihn Ca. El plan era ambicioso: capturar a nuestros órganos de dirección y a nuestros dirigentes, ahogar el movimiento revolucionario en fuego y sangre.

Para la región fue el comienzo de un período de ocho meses de guerrilla, ocho meses de un heroísmo inaudito y de terribles privaciones. Una fracción de nuestro destacamento, al mando del camarada Phung Chi Kien, fue atacada inesperadamente cuando se retiraba hacia la frontera chino-vietnamita. Kien murió, y su compañero Huy Com fue hecho prisionero. Recibí la orden de permanecer allí para secundar a Chuan Tan. Era preciso reforzar lo que quedaba del destacamento, conducir a los camaradas al combate y proteger la población y a nuestras bases durante los primeros tiempos de la guerrilla.

Se puede afirmar que esta fue la primera operación de contraataque en la historia de nuestra guerrilla. El enemigo, que se había apostado en todos los caminos que conducían a nuestra base, puso en movimiento todo el aparato administrativo y paramilitar local, todas las fuerzas policíacas y reaccionarias de la región para reducir las bases del Partido y dislocar sus organizaciones de masas. Organizaba batídas en cada pueblo, en cada aldea y en cada rincón de la selva. Buscaba nuestras huellas en el musgo y la hierba. Dejaba vigilantes en las veredas para conocer los movimientos de nuestros cuadros guerrilleros. Por donde pasaba, mataba e incendiaba. Más de mil habitantes de Dihn Ca y de Trang Xa fueron enviados a los campos de concentración de Na Phao-Lang Giua, en donde dormían en el suelo, sin poseer siquiera un techo. El padre de nuestro camarada Chu, Van Tan –un septuagenario– que se había unido a nosotros, también fue arrestado. Supimos la noticia por un hombre de Dihn Ca.

Vuestro padre me ha encargado que os diga, que no os afectéis, y que hagáis lo que tengáis que hacer. No importa si arrestan o encarcelan a todo el pueblo, no es eso lo que nos asusta.

A pesar de sus atrocidades, el enemigo no pudo encontrarnos. En esos días difíciles, nuestros soldados se movían entre el pueblo como el pez en el agua. Ese día, me acuerdo bien, era el quinceavo del séptimo mes del año lunar. Al atardecer, el enemigo entró en el pueblo de Trang Xa y lo incendió; las llamas enrojecían el cielo en medio de espesas nubes de humo. En la cumbre en que acampábamos, apretábamos los puños mirando el valle reducido por el fuego. Muchos de nosotros ardían en deseos de combatir:

—¡Bajemos a pelear, no importa si morimos!

Al caer la noche, más de cien habitantes del pueblo ascendieron la montaña para reunirse con nosotros. Había un matrimonio de más de sesenta años; el marido con una cacerola y pollos; la mujer con uno de sus nietos en los brazos y otro en la espalda.

—Es imposible vivir en el pueblo con todos esos brutos, nos dijo el viejo. Tengo cinco hijos, tomadles en vuestras filas. Mi mujer y yo solicitamos seguiros con nuestros dos nietos.

—A vuestra edad, con dos niños, no lo soportaríais.

—No os inquietéis por nosotros. Ya nos arreglaremos.

Después de haber escondido sus efectos y provisiones en la maleza y las cuevas, el viejo y su esposa durmieron a partir de entonces sobre la dura tierra, a cielo abierto. Sus cinco hijos fueron incorporados a nuestra unidad. Eran cinco tiradores de primera. Cuando disparaban sobre un suboficial enemigo siempre hacían blanco. Los camaradas los llamaron "Los cinco Tigres". Uno de ellos murió apoyando el repliegue de su unidad.

En el curso de esa trágica noche, otro anciano insistió en seguirnos.

Iba acompañado de un muchacho muy joven que llevaba un collar de plata y que se llamaba Do. Pero ambos estaban tan débiles que tuvimos que negarnos:

—A vuestra edad, ¿cómo podréis dormir en la maleza y correr por los bosques?, le dijimos.

El viejo enjugó sus lágrimas:

—Si no me queréis a mí, llevaos al menos a este pequeño. Mientras viváis estará en lugar seguro. A mi edad, no tengo a nadie más. Si los franceses lo matan, el nombre de mi familia se extinguirá.

El pequeño Do se quedó con nosotros. Se alistó en el ejército durante la resistencia y posteriormente volvió a militar a su pueblo. En el curso de una visita efectuada a Vu Nhai, encontré al viejo Do, que resplandecía de alegría:

—¿Te acuerdas del pequeño Do? Actualmente es padre de cinco hijos.

El viejo ya no temía que el nombre de su familia se extinguiera.

Poco después, fue fundada una segunda sección para la Salvación de la Patria en la selva de Khuon Manh, distrito de Trang Xa.

Al principio la moral era, en nuestras unidades, excelente. Pero la vida era tan dura que hubo altibajos. Las derrotas desmoralizaban a algunos que vivían sobresaltados, las disputas estallaban continuamente.

Yo secundaba al camarada Chu Van Tan en calidad de comisario político. Aprovechaba mi experiencia de la prisión para organizar la vida colectiva. Persuadí a los guerrilleros para que se dividieran en cinco grupos para montar la guardia por turno, efectuar patrullas y estudiar. Les ayudaba a comprender mejor la política del Partido y a vivir como revolucionarios. Les hice comprender la necesidad de una disciplina, a despecho de las dificultades del momento.

Acampábamos habitualmente cerca de una fuente.

Después de cada comida, se limpiaba el lugar con gran cantidad de agua para hacer desaparecer todas las huellas. Al principio construíamos chozas cubiertas con hojas de palmera. Posteriormente, fue necesario cambiar de emplazamiento después de cada empeño; esto requería mucho tiempo; nos conformábamos con hojas de platanero, que muy pronto se hacían inutilizables; pero aún no habían tenido tiempo de secarse cuando nosotros nos habíamos ido.

6. La caza del hombre

Nuestra propaganda daba sus frutos y el movimiento se extendía como una mancha de aceite. Lo que faltaba no eran precisamente iniciativas. Se aprovecharon las grandes fiestas nacionales, tales como la peregrinación al templo de los reyes Hung, o los aniversarios de los héroes nacionales –Ngo Quyen, las hermanas Trung, Quang Trung, Tran Hung Dao, Nguyen Trai– para difundir los escritos del Viet Minh y la *Carta a los vietnamitas* de Nguyen Ai Quoc. Las consignas para la Salvación de la Patria se grababan inmediatamente en el espíritu de lasn masas.

En diciembre de 1941, el ataque japonés sobre Singapur iniciaba la guerra en el Pacífico. En un comunicado, el buró permanente del Comité Central lanzaba la consigna: "Ni dinero, ni un grano de arroz, ni un hombre para los agresores japonés y francés." En 1940 los franceses habían arrebatado todo su arroz a los campesinos; los japoneses le habían hecho arrancar los cultivos de algodón para plantar en su lugar yute y maní. Habían expulsado a los habitantes de los pueblos de sus tierras para construir aeropuertos y edificar cuarteles. El ejército del Mikado les robaba el ganado, las aves, la paja, los huevos y las legumbres. Sus caballos iban a pastar en los arrozales en las vísperas de la recolección. A partir del día en que estalló la guerra en el Pacífico entre japoneses y franceses, a nosotros nos robaron todavía más. Los campesinos estaban hartos.

Designado para promover la agitación en el campo, viajaba constantemente entre Dinh Ca, Trang Xa y el delta, para establecer nuevas bases alrededor de Hanoi, y hacia la costa hasta las provincias de Ha Nam, Nam Dihn y Ninh Binh. En todos los lugares a donde iba el programa del Partido, se comprendía inmediatamente y se aprobaba con alegría.

Un día el camarada Nguyen Van Loe me condujo a Tram Long (Ha Dong), región aislada que podía servir de base de reserva. Solicité a los camaradas que me facilitaran un pequeño lugar a la entrada del pueblo para facilitar mis movimientos por la noche. Tras pacientes búsquedas encontraron por fin un lugar; pero tenía un inconveniente. Todos los muchachos de la casa estaban de acuerdo. La madre también. Pero el padre no estaba muy dispuesto.

Fui a vivir allí. Cada día, al salir de las reuniones, esperaba el momento en que todo el mundo se ausentaba para deslizarme furtivamente en el granero. Una vez cerrada la puerta, escondido mi paraguas y mi larga túnica negra, me subía a un montón de *paddy* y me sentaba al fondo contra la pared. Un día, al mediodía, mientras estaba absorto en la lectura de unos documentos, alguien golpeó la puerta. Agucé el oído y permanecí inmóvil, puesto que no era la señal convenida. Llamaron de nuevo. N o respondí y miré por la ventana para ver de quién se trataba. Una oleada de puñetazos hizo temblar los batientes. El viejo empezó a impacientarse:

–¡Abrid! ¡Queréis abrir! ¿Quién está ahí dentro? ¿Quién es el desgraciado que se ha atrevido a entrar?

Para evitar complicaciones, escondí mis papeles, puse mi túnica, cogí mi paraguas, y abrí la puerta furioso:

—¿Es que no tienes un techo propio como para permitirte entrar en mi casa cuando yo no estoy?

—Calmaos abuelo. ¡Por favor siéntese un momento permítame que le explique!

—Si tienes algo que decir dilo inmediatamente.

—Me metí en vuestra casa por recomendación de algunos amigos que tienen confianza en usted, abuelo.

—¿Confianza en quién y de qué?

Entonces le hablé de la acción del Viet Minh, para llegar a la política fiscal de los franceses y la politica de latrocinio de los japoneses. El viejo no había tenido aún tiempo de reponerse cuando le mostré su montón de *paddy*.

—Si no os hubierais visto obligado a vender tanto al precio establecido, aún tendríais más, abuelo.

Me miró con un aspecto bastante feroz.

Continué hablándole deferentemente. Pronto me interrumpió:

—¿Y dónde están ahora los *japs*?

Parecía haberse calmado. Me puse a hablarle de todos los países que combatían el fascismo, le expliqué por qué el Ejército rojo ganaría la guerra, le escribí el movimiento patriótico y el éxito de nuestros guerrilleros. Aquello le interesaba cada vez más.

Acabó llamando a su hijo:

—Ve a buscarme una botella de alcohol y unos cuantos cacahuates tostados.

Permanecimos todo el mediodía en la dependencia, discutiendo, comiendo maní y bebiendo. A partir de ese día la casa del viejo fue como la mía propia.

Durante estos años, que fueron los más trágicos que ha conocido nuestro pueblo, los trabajadores no eran los únicos que experimentaban el peso del yugo fascista. Los estratos acomodados de las ciudades y del campo se inclinaban, también, hacia la revolución. Se perfilaba un amplio frente nacional que reuniría a todas las fuerzas patrióticas del país contra los ocupantes franceses y japoneses.

Mucha gente que no pertenecía al Partido se entregó totalmente a la causa de la revolución. Recuerdo a una anciana bonza de

Tao Khe a la que debo una vela. Habiéndome visto entrar muy a menudo en la pagoda de Tao Khe para celebrar reuniones, los notables de la ciudad me hicieron seguir. Una noche irrumpieron por la puerta trasera, cortándome la retirada. Tuve que esconderme en un rincón. La anciana, comprendiendo la situación inmediatamente, llamó a sus jóvenes bonzas y las hizo colocar de forma que me taparan. Después de haber registrado infructuosamente la pagoda de arriba abajo, los polizontes desembocaron en la sala en que yo estaba, haciendo iracundas preguntas a las religiosas. La boza superior les respondió con extraordinaria sangre fría para disipar sus sospechas.

Generalmente los bonzos simpatizaban rápidamente con los revolucionarios: vivían en estrecho contacto con la población. Gracias a las recomendaciones del viejo bonzo Truc, de la pagoda de Kim Dong, pude fundar bases del Partido en toda una serie de pagodas de la provincia de Hung Yen, desde el mercado de Thi hasta Ban Yen Nhan yMy Hao.

En febrero o marzo de 1943, después de la victoria del Ejército rojo en Stalingrado, que representó el fin de las fuerzas hitlerianas, el Departamento permanente del Comité Central se reunió y decidió ampliar el frente antifascista, conquistar nuevos aliados e impulsar la lucha de masas. Definió claramente su actitud hacia las fuerzas políticas y sociales, en el país y en el mundo, de forma que permitiera un nuevo paso hacia adelante en la unidad de pensamiento y acción. Muchos camaradas no habían penetrado aún en el fondo del espíritu de las resoluciones de la VIII Conferencia del Comité Central:

"La preparación de la insurrección es actualmente la labor clave para nuestro Partido y nuestro pueblo."

La Conferencia del Departamento permanente del Comité Central recordó la urgencia de la situación, y dio detalladas directrices para la propaganda, la organización y la movilización de los obreros, campesinos y soldados con vistas a acelerar los preparativos de la insurrección.

Fui designado para asistir a la reunión de los delegados del Bac Ky (Norte de Vietnam). El camarada Trab Tu Binh, responsable de la organización, me hizo conducir a la cita en Ca Vien, en el distrito de Binh Luc (Ha Nam), una de nuestras bases más antiguas.

Desde mi llegada, percibí algo insólito. Normalmente este tipo de reunión establecía entre los cuadros y la población una especie de clima familiar. Los habitantes velaban por nosotros, nadie mostraba una curiosidad excesiva. Aquel día no ocurrió nada parecido. Intrigado, pregunté a Binh:

—¿Estamos seguros aquí?

—Claro, me respondió. El camarada en cuya casa nos vamos a reunir acaba de salir de la prisión; podemos tener confianza...

—Bien. Celebremos aquí la reunión. Pero por la noche debemos buscar otra casa.

A las dos de la madrugada interrumpimos la sesión para ir a dormir un poco en la vivienda indicada por Binh. Acabábamos apenas de cerrar los ojos, cuando los ladridos nos despertaron sobresaltadamente. Unas linternas barrían la casa que acabábamos de abandonar. De un salto Binh y Tue salieron al exterior y huyeron a toda velocidad. Hubiera querido seguirles pero no conocía el pueblo. Oí a los agentes de policía que corrían por las callejuelas. Sigilosamente me deslicé hacia la puerta trasera, y me hundí en los arrozales a través de las plantas de arroz. Cuando más me alejaba más seco era el terreno. La recolección se aproximaba y el arroz tenía la altura de un hombre. Aparté las plantas y me agaché en pleno campo, haciéndome lo más pequeño posible, colocando en su sitio los tallos que había roto.

Casi durante un cuarto de hora, oí el ruido de los zapatos sobre el cemento de los caminos del pueblo. Los polizontes franceses y vietnamitas utilizaban sus estruendosos silbatos y se interpelaban desde lejos. Hicieron saltar a patadas la puerta de la casa en que habíamos celebrado la reunión. Después se oyó la voz de un francés:

—¿Dónde está Cang, Tue y Binh?

Me encogí aún más, conteniendo la respiración.

Los ruidos de pasos provenían ahora del arrozal en que estaba escondido. Oí la voz del inspector Fleurot y de su hermano:

—Ese Cang, ha encontrado el modo de huir a pesar de estar cojo.

Las linternas iluminaron el arrozal y luego se apagaron. Yo estaba totalmente alerta, con el cuerpo tendido para no moverme. Los pasos se alejaron hasta desaparecer totalmente.

Hubiera podido escapar, pero no sabía cómo llegar al río. Esperé hasta el alba. La campana de la iglesia vecina desgranó sus cristalinas notas. Algunas mujeres pasaron hablando:

—Era grande, verdaderamente robusto. Les ha costado mucho atraparle... y cuando lo apresaron no se quedó quieto. Se debatía como un diablo. Ya lo habían atado cuando aún continuaba gritando:

"Dejadme, dejadme."

¿Uno grande? Habían atrapado a Tue. Pero Binh ¿habría escapado? Yo estaba sano y salvo... ¿Pero cómo saldría de allí?

Un poco después del alba, varios veladores pasaron cerca del arrozal:

—Esos mandarines, que sucia casta. Se pasan su tiempo molestando a la gente...

—Imbéciles. No son ni siquiera capaces de atraparlos por miedo que tienen, y ahora vendrán a preguntarnos a nosotros por qué los dejamos escapar...

—Incluso el día de Pascuas lo han desordenado todo. Por culpa suya no hemos podido asistir a la misa de la mañana.

La conversación entre los veladores me hizo sonreír. "De todas formas no puedo morir el día de la Resurrección", me dije. Entonces se oyó la señal que reunía a los veladores, lo cual significaba que los agentes de policía se habían ido. Me preparé para huir. Rompí un trozo de mi túnica blanca para hacer un turbante que enrollé alrededor de mi cabeza en señal de duelo. Escondí el resto en el fondo de una grieta en el arrozal. Por último, coloqué negligentemente mi ropa de tul sobre mi cabeza, como se hace al regresar de una comida de aniversario, para protegerme a la vez del sol y de las miradas indiscretas.

Al atardecer, a la hora de la siesta, cuando la calma reinó en el pueblo, me levanté y me dirigí hacia el pequeño dique. Una niña cuidaba de su búfalo no lejos de allí: se sobresaltó al oír mi voz, quiso gritar, pero se le fue la voz. Permaneció como clavada en el lugar. Me dirigí a ella y le pregunté dulcemente:

—¿Por qué sacas tan pronto a pasear tu búfalo, pequeña?

No sé si logré calmarla, pero no me sentí a salvo hasta que estuve en la otra orilla. Allí, desde lo alto del dique del distrito de Thu Tri, miré sonriendo a Ca Vien y el techo de su iglesia. ¿Quién sabe?, a lo mejor el día de la Resurrección me había sido favorable.

Más tarde supe que Binh también había escapado.

La policía había tendido su trampa gracias a las denuncias de la misma persona que se había encargado de preparar el local de la reunión. Al ser arrestado aquel desgraciado había aceptado actuar como delator.

A partir de 1943 se nos buscaba activamente. Nuestras fotos estaban colocadas en todas partes. Cada vez que nos despedíamos nos preguntábamos si nos volveríamos a ver. Al finalizar cada reunión, en el momento de partir, nos mirábamos sin atrevernos a decir nada. ¿Quiénes faltarían a la próxima cita?

Thu tenía la misión de trabajar en el ejército. Era una labor de primera importancia. Las insurrecciones de Bac Son, Conchinchina y Do Luong demostraban la importancia de los motines para la insurrección armada: servían a la vez para aumentar el número de insurrectos y para facilitarles armas. Habíamos podido conquistar no solamente a militares vietnamitas, sino también a hombres de las fuerzas metropolitanas. Camaradas de origen alemán o austríaco, tales como Chien Si y Nguyen Dan, que habían luchado contra el fascismo en sus países y que se habían enrolado en la Legión Extranjera para escapar a la represión, cuando fueron destinados a Indochina, entraron en relación con nuestro Partido y participaron en nuestra lucha.

En esa época, la zona de seguridad del Comité Central alrededor de Hanoi se extendía, aparte los pueblos de las provincias de Bac Ninh, Phuc Yen y Ha Dong, a las localidades situadas a lo largo del Song Cau, en el distrito de Hiep Hoa (Bac Giang). Estos pueblos ocupaban una importante posición estratégica en razón de su escalonamiento sobre la línea que unía el delta con la zona de Thai Nguyen, en la que se encontraba la base de los Combatientes para la Salvación Nacional. Por otra parte, es en algunos de estos pueblos (en Thanh Van, Hoang Lieu y Van Xuyen principalmente) donde se abrieron los cursos de formación de los cuadros al escalón del ky.*[5] El camarada Truong Chinh estuvo a su cargo una vez. Todas las mañanas se levantaba antes de que amaneciera y hacía un poco de gimnasia antes de retirarse a un local discreto para trabajar. Un día, acababa de terminar sus ejercicios y se disponía a lavarse cuando se vio iluminado por una linterna. Se agachó inmediatamente para evitar la luz y, posteriormente, por la puerta trasera, huyó hacia el río.

Era la policía, que siguiendo los informes de un delator había rodeado el patio.

Al llegar al río Truong Chinh esperaba pasarlo a nado. Pero apenas había puesto los pies en el agua se hundió en el cieno hasta la pantorrilla. Tuvo que chapotear hasta la mitad del río en donde

---

*El Vietnam incluía tres ky: el Norte (Bac Ky), el Centro (Trung Ky) y el Sur (Nam Ky).

se encontró con una barquichuela sobre la que un viejo pescador tendía su anzuelo mientras una niña remaba.

—¿Dónde vas tan temprano?, le preguntó el viejo.

—En casa hay un enfermo. Voy a buscar medicamentos. Ayudadme a pasar.

El viejo pescador le miraba escépticamente.

—No vale la pena que me cuentes mentiras. Si eres un Viet Minh dímelo francamente, y te ayudaré. No es la primera vez que lo hago.

Truong Chinh dudó, y el viejo prosiguió:

—Antes del canto del gallo he visto cómo empezaban a registrar. Si eres un Viet Minh te ayudaré a atravesar.

Acercó su sampán y Truong Chinh embarcó en él. Evidentemente el viejo era uno de los nuestros.

—Creo que es mejor que desciendas un poco más abajo, le dijo.

Truong Chinh le pidió que lo desembarcara en una plantación de naranjos en donde teníamos un refugio. Permaneció un rato sobre la orilla con los ojos fijos en la barquichuela. El viejo había recogido su hilo de pescar y la pequeña remaba contra la corriente.

Otra vez estuve a punto de ser detenido, junto con Truong Chinh muy cerca de Hanoi.

Nos habíamos encontrado en el pueblo de Dao Xuyeri, llamado comúnmente Bun, muy cerca de Bat Trang. El camarada Thien, delegado del Tonkin, encargado de la cuestión campesina, efectuaba un informe. Estábamos en plena reunión cuando, hacia las cinco de la tarde, se dio la voz de alerta. Los franceses llegaban en gran número y rodeaban la localidad desde la vía férrea.

Un instante después se anunciaba que acababan de entrar en el pueblo.

La reunión fue suspendida, y cada uno huyó separadamente. Truong Chinh partió como explorador. Se encontró a los franceses y dio media vuelta para advertirnos:

—Es imposible pasar, son muchos.

Regresamos a la casa del militante que nos albergaba. En esa época aún no teníamos escondites, subterráneos. Alrededor nuestro no había otra cosa que la valla de bambú que rodeaba al pueblo. Pasamos a través de ella.

Una vez que estuvimos fuera del pueblo, nos pusimos de acuerdo para partir en varias direcciones. Thien y yo nos dirigimos hacia Bat Trang, esperando tomar la chalupa para Nam Dinh. Acabábamos de escondernos en un campo de maíz, cuyas plantas tenían ya una estimable altura, cuando los faros de un coche barrieron el dique en dirección al desembarcadero. La luz pasó por encima de nuestras cabezas.

Los policías arrestaron a nuestro enlace, inmediatamente, le pasaron por la pila eléctrica. Nuestro pobre camarada llenó el aire con sus gritos desgarradores. Querían obligarle a decirles dónde habíamos ido. Lo golpeaban brutalmente. Yo tenía mi revólver en el bolsillo, y ardía en deseos de alojarles una bala en el cráneo. Thien se había puesto a temblar. Lo estreché fuertemente entre mis brazos pidiéndole que se calmara. Torturaron al enlace más de dos horas. Viendo que se aproximaba una nueva tormenta se retiraron llevándose a su víctima.

Permanecimos bajo el aguacero en nuestro campo de maíz. El engrudo de nuestros turbantes, derretido por la lluvia, nos corría por la cara. Cuando disminuyó la lluvia, secamos un poco nuestras ropas y nos pusimos en camino bordeando el pie del dique. Cuando encontrábamos un puesto de vigilancia, lo evitábamos adentrándonos en los arrozales. No nos detuvimos hasta llegar a Van Giang. Allí nos escondimos al pie del dique y, por turnos, uno vigilaba mientras el otro dormía, mientras esperábamos la barca de la mañana.

Nos lavamos las caras antes de atravesar el río Rojo. Una vez que estuvimos en la otra orilla, corrimos sin parar hasta la estación de Quan Ganh, donde abordamos el primer tren que se dirigía a Nam Dinh. Cuando llegamos al lugar de destino, el camarada Thien, que aún no era conocido por la policía, descendió sin dificultad. En cuanto a mí, me era preciso encontrar un medio para pasar desapercibido. Los agentes del inspector Fleutot y yo éramos viejos amigos, que sabíamos reconocernos a las primeras de cambio. Había policías en todos los rincones de la estación. Por suerte, una dama se preparaba para descender con un niño en los brazos. Le ofrecí mi ayuda. Cogí al niño en mis brazos, poniendo su cara contra mi mejilla y salí en las mismas narices de los agentes. ¡Y la dama aún me dio las gracias!

Me dirigí rápidamente a casa de un vendedor de bicicletas que conocía. Me previno inmediatamente:

—Atención, escóndete. Todo huele mal hoy. La policía está metiendo sus narices en todas partes. Esta mañana, a las 9, cuando llegó la chalupa, registraron a todos los viajeros. ¡Es terrible! Es mejor que te vayas inmediatamente.

Me dirigí a la barca de Nam Dinh, en donde tomé un sampán para el distrito de Giao Thuy con el propósito de encontrar al camarada Khoi. Le dije que advirtiera a Truong Chinh que me había escapado y que le pidiera una cita para reemprender la interrumpida reunión.

Cuantos más resultados obteníamos más nos perseguía la policía. Faltos de experiencia, nuestros nuevos cuadros se dejaban sorprender fácilmente. Algunos eran arrestados después de dos o tres meses de actividad. Otros, más hábiles, se sostenían hasta seis meses. Estas eran pérdidas que nosotros sentíamos cruelmente. Todo era tan rápido que no podíamos formar un número de cuadros a la medida de la envergadura de nuestra red. No había más que una solución: la evasión de los detenidos políticos de las prisiones. Ese era nuestro mejor capital. Muchos cuadros llenos de experiencia se consumían en las penitenciarías de Son La, Cho Chu, Ba Van, Nghia Lo, Bac Me, etc. Entramos inmediatamente en contacto con estas prisiones para montar una red de evasión. A partir de 1943 los camaradas Sao Do, Trang Dan Ninh, Van Thien Dung, Le Duc Tho, Tran Quoc, Hoan Nguyen, Van Tran, Le Hien Mai, Song Hao, Nhi Quy, etc., se evadieron paulatinamente de las prisiones de Son La, Cho Chu y Ba Van.

Una camarada llamada Vinh, arrestada en Vinh Yen en 1940, detenida después en Tuyen Qang, también se evadió con la ayuda exterior, y logró cruzar el río Claro para dirigirse a la zona de resistencia. Ella se convirtió después en la compañera de mi vida.

7. Se acerca la hora

A la mitad de esta primavera llena de esperanza y en una mañana particularmente brumosa, ascendimos los montes Hong, hasta la fuente del Pho Day. Allí, en el fondo de un valle enclavado entre las altas murallas rocosas, en la jungla de Khuon Kich, celebramos la fundación de la 3 Sección del Ejército para la Salvación Nacional. Regresé junto a mis camaradas inmediatamente después de la ceremonia.

Este viaje me permitió conocer los signos precursores de una gran renovación: en todas partes el movimiento ganaba terreno; los comités comunales integrados por miembros del Frente Viet Minh habían sustituido progresivamente a los antiguos órganos administrativos instalados por los colonialistas. En numerosos pueblos todos los asuntos de la vida normal, incluidos los litigios por las aguas de irrigación y los antiguos conflictos entre minorías, eran sometidos a los nuevos comités que, muy a menudo, conseguían algo positivo. Dos poderes coexistían, uno como una estrella palideciendo frente a la luz del alba, el otro como el Oriente al salir el sol.

En todas partes el movimiento adquiría nuevas formas: se oponía sistemáticamente a las incautaciones de *paddy* por los japoneses; se protestaba contra el cultivo obligatorio del yute y del ricino en lugar del arroz. En determinados lugares, nuestros campesinos habían incluso dado muerte a los soldados japoneses a golpes de mazo. En las ciudades los obreros y la juventud pasaron asimismo a la acción.

Los acontecimientos se precipitaban. En Europa el Ejército rojo había lanzado una contraofensiva irresistible, y se dirigía hacia Berlín, liberando sucesivamente a su paso a los países de la Europa Oriental y Central. Los aliados occidentales se apresuraban a abrir un nuevo frente. El fascismo italiano caía. Francia se liberaba. El ejército nipón, derrotado en el frente del Pacífico, se replegaba al continente. Las victorias del Ejército ruso y del frente antifascista llenaban de esperanza a los pueblos de Indochina. La libertad estaba allí. La victoria llamaba a la puerta. El Partido apeló a todo el pueblo a preparar las armas para liberar a la nación del doble yugo francojaponés, y contribuir a la total destrucción del fascismo, al restablecimiento de la paz y a la conquista de la felicidad por la humanidad.

Un grupo de intelectuales publicó en una revista una serie de artículos de tendencia claramente patriótica, pero que carecían de orientación precisa. Inmediatamente intentamos tomar contacto con ellos. La opinión estaba harta de fórmulas huecas sobre la "esfera de co-prosperidad" y la "gran Asia" lanzadas por los nipones, y los *slogans* machacados por la pandilla Pétain-Decoux: "Acuerdo franco-vietnamita", "Revolución nacional", "Trabajo, familia, patria", etc. Cada vez en mayor número los alumnos y los estudiantes se negaban a prestarse a la farsa del "Movimiento de la juventud" montado por el capitán de navío Ducoroy. La juventud se inclinaba hacia la revolución y crecía paulatinamente en la lucha. Desde las escuelas el movimiento de oposición se propagó rápidamente a los demás estratos intelectuales. Los estudiantes y los intelectuales de Hanoi formaron el grupo "Nueva democracia", precursor de nuestro actual partido demócrata.

Los cambios sobrevenidos en Indochina confirmaban nuestras previsiones. Los colonialistas intentaban levantar la cabeza: confiaban en el gobierno de De Gaulle en el exilio. Pero cuando la caída del gobierno de los traidores Pétain-Laval hizo caducos los acuerdos Tokio-Berlin-Vichy sobre Indochina, se aferraron a la política del perro apaleado, por miedo a los japoneses. En septiembre de 1944, los fascistas japoneses pusieron a la pandilla de Decoux en la moratoria de tomar posición: declaración de guerra a los anglo-americanos y subordinación del ejército francés en Indochina al mando directo del Estado Mayor nipón. Las relaciones franco-japonesas se hicieron tensas. Sin embargo, a pesar de todas las contradicciones, se tendió por ambas partes hacia una política de conciliación por temor a una sublevación general de los pueblos de Indochina.

Nuestro Partido había previsto el golpe de fuerza del 9 de marzo de 1945. "El abceso, decía, debe reventar fatalmente." Indochina iba a ser el escenario de una gran crisis política. Era preciso, por tanto, prepararse inmediatamente para el combate y reconquistar la independencia nacional cuando los franceses y los japoneses se destrozaran entre sí. A partir de mayo de 1944, el Comité General Viet Minh dio las instrucciones necesarias para preparar la insurrección general.

Toda Indochina no era más que un inmenso pasto resecado por el sol en el cual la más insignificante chispa podría provocar el incendio. A finales de 1944 el descontento se manifestaba en todas partes. Ya empezaban a notarse los efectos del hambre espantosa de 1945.

Las grandes exacciones de los fascistas franceses habían dejado exangüe a nuestro país. En los pueblos, nuestros camaradas asistían a veces a las reuniones con el estómago vacío. "Hagamos rápidamente la insurrección, decían, si no todos estaremos muertos antes." De hecho, millares de vietnamitas murieron de hambre durante este período, a principios de 1945. La indignación aumentaba hasta convertirse en un terremoto capaz de barrerlo todo.

Nuestro Partido conducía, con pasos seguros, a las masas hacia la insurrección. Cuando el cielo parecía estar despejado una oscura nube apareció en el horizonte. Los reaccionarios chinos, utilizando el título de aliados, solicitaron entrar en contacto con los revolucionarios vietnamitas. Querían que el Viet Minh se entrevistara con el Partido nacionalista vietnamita (Viet Quoc) y la Liga revolucionaria del Vietnam (Vietnam Cach Mang Dong Minh Hoi) instalados en China, con vistas a fusionar las fuerzas antijaponesas. A partir del año anterior el Departamento permanente del Comité Central había aprobado el programa de acción contra la ocupación francesa y japonesa adoptado por la Liga Revolucionaria del Vietnam (a pesar del carácter heterodoxo de sus rangos) y había preconizado la unidad de acción en la lucha contra el enemigo común. Pero no era incauto en cuanto a las verdaderas intenciones de los americanos y de Chang Kai-Shek, Decidimos, pues, aprovechar la ocasión para enviar a China una delegación Viet Minh, que se entrevistaría con la Liga Revolucionaria a fin de tantear el terreno y de tomar contacto con los medios revolucionarios vietnamitas en China.

Formé parte de la delegación, que incluía entre otros a Dang Viet Chau, Duong Duc Dien y algunos otros camaradas. Advertidos de nuestra llegada por las autoridades de Thounah King, el comandante del puesto de Toung Hing nos reservó una solemne acogida. Nada más llegar tuvimos conocimiento del asalto japonés al puesto francés de Moncay. Ardíamos en deseos de regresar al país, y solicitamos al comandante del lugar que preparara lo más rápidamente posible nuestra repatriación. Pero éste se deshizo en excusas:

—Por favor, dejadnos algún tiempo; vuestro viaje de retorno será largo; debéis pasar por la cordillera de los "Cien mil montes" que está infestado de piratas.

¡Qué estupidez! ¡El ejército del "gran mariscal Chang Kai-Shek" tenía miedo a unos bribones!

Al cabo de tres interminables semanas llegamos a Tsi Tsouen donde nos enteramos de que los japoneses habían ocupado Lieou Tchou y que el mando chino se había replegado precisamente hacia el distrito de Pai Seu. Fuimos recibidos por Tchang Fa Khouei y Siao Win, que nos cantaron la misma canción:

—La derrota de los japoneses ya no ofrece ninguna duda. Los aliados vencerán. El 4° Ejército vendrá a liberar a Indochina y estamos convencidos de que el Viet Minh hará todo lo necesario para prepararle una triunfal entrada.

Estas palabras nos destrozaban los oídos, nos retuvimos de replicarles: "¡Creéis que no somos lo suficientemente grandes como para tomar por nosotros mismos el poder!"

Siao Win continuó:

—Hay aquí un cierto número de vietnamitas. Gracias a la benevolente atención del mariscal Chang Kai-Shek y a la ayuda del general Chang Fa Khouei, la Liga Revolucionaria y el Partido nacionalista vietnamita han podido obtener algunos resultados. Deseamos que instituyan con la Liga Viet Minh una dirección única, que trabajará en colaboración con los aliados.

Le dijimos que carecíamos de opinión para acabar lo más rápidamente posible. En seguida nos reunimos con los hombres del destacamento del Phuc Quoc, para intentar reclutar a algunos de ellos. Había excelentes elementos que confesaron sinceramente no haber comprendido el papel que quería hacerles representar Chang Kai-Shek y que solicitaron regresar al país para combatir.

Dudábamos aún sobre qué partido a tomar en relación a la pandilla de Chang Kai-Shek, cuando la casualidad nos hizo encontrar por el camino a un viejo vestido de azul. Le miré atentamente. No había ninguna duda, ¡era él! Íbamos a abordarle cuando con la mano nos hizo una señal para indicarnos que no lo hiciéramos.

¡Ese anciano era el tío Ho! Detenido desde hacía dos años por el Kuomingtang, había ido a Cao Bang y después había regresado a China. Una vez que hubo finalizado su labor, regresaba al país. Fui a rendirle cuentas de mi misión a la casa en que se albergaba.

—Con esa gente lo mejor es no concretarse, tal como habéis hecho –me dijo–. Componéoslas para encontrar una excusa y regresad al país.

Comuniqué a Chan Fa Khouei nuestro deseo de regresar a Vietnam. Nos invitó a un gran banquete, en el curso del cual pronunció un grandilocuente discurso sobre la paz, la amistad entre los pueblos y la liberación de las naciones. Al despedirnos nos dio la mano:

—Espero que nos veamos pronto en Hanoi.

De hecho, nos volveríamos a ver. Pero ese día Hanoi era ya la capital de la República de Vietnam. La pandilla de Chang Kai-Shek se iba a convertir en nuestro enemigo directo, atrayéndose la ira y el desprecio de todos los vietnamitas. Los agentes que traía entonces en sus furgones debían flotar algún tiempo en la superficie antes de desaparecer, al igual que la espuma mugrienta que flota un instante antes de ser engullida por la corriente.[6]

Acogimos al tío Ho en la frontera chino-vietnamita, en la amplia zona que cubría toda la extensión de las provincias de Cao Bang, Bac Can, Tuyen Quang y una parte de las de Thai Nguyen, Lang Son y Ha Gianz. En toda esta región los Comités populares revolucionarios elegidos por la población habían ya reemplazado a las antiguas autoridades impuestas por los franceses o los japoneses. Dueños del poder, apoyados con entusiasmo por el pueblo, poníamos en práctica nuestro programa de diez puntos.

---

[6]En 1945 un ejército del Kuomingtang formado por 200.000 hombres penetró en el Norte de Vietnam al mismo tiempo que desembarcaban en el Sur las fuerzas británicas, junto con el Cuerpo expedicionario francés. Nuestro pueblo iba a luchar decididamente y sin debilidad para apartar sucesivamente a los intervencionistas, atacar a los agresores colonialistas y salvaguardar el poder revolucionario. Es conveniente recordar asimismo que inmediatamente después de producirse la Revolución de Agosto, mientras aguardaban ser desarmadas, las fuerzas niponas fueron encargadas por el alto mando americano e inglés de vigilar los servicios administrativos y los bienes de los colonialistas franceses en Indochina. A partir del día en que finalizó la guerra, los ingleses se enfrentaban ya contra el movimiento de los pueblos indochinos que acababan de combatir contra el fascismo.

A mi regreso caí gravemente enfermo y no pude asistir a la reunión del Comité Central en Tan Trao. No llegué al Congreso del pueblo más que después de haberse efectuado su apertura. El tío Ho también había estado gravemente enfermo. Entre estos hechos llegó la noticia que espoleó todas las energías: la capitulación japonesa.

El tío Ho nos recomendó que redujéramos al mínimo nuestra orden del día, lanzó un llamamiento a la insurrección general y asignó a cada uno su función. Recibí la orden de dirigirme hacia el Sur, junto con el camarada Cao Hong Lanh.

Ambos partimos de Thai Nguyen con una balsa, y posteriormente nos dirigimos en barca hasta el delta. Las crecidas eran particularmente fuertes: en el curso del viaje salvamos a un cierto número de personas sorprendidas por las aguas. En los alrededores de Bac Ninh, nuestra barca pudo discurrir cómodamente en línea recta a través de los campos inundados. Una vez llegados a Yen Vien, percibimos sobre la carretera un coche que llevaba una inmensa bandera roja con la estrella dorada. Un altavoz instalado en el techo difundía canciones revolucionarias; la voz del locutor se oía entre dos canciones: "Las fuerzas insurreccionales bajo la dirección del Viet Minh se han hecho dueñas de Hanoi desde las cuatro de la tarde. En la capital, el poder está totalmente en manos del pueblo."

Era el 19 de agosto de 1945.

Montamos inmediatamente en ese coche para entrar en la ciudad: en todas partes, frente a nuestros asombrados ojos, había banderas y consignas de un intenso color rojo. El coche hizo un recorrido por las calles antes de dejarnos en el Comité Insurreccional de Hanoi, presidido por Nguyen Khang. Aquí, nuestros camaradas habían desplegado desde la mañana una intensa actividad, sin tomarse ni un minuto para comer. Por la mañana, se llevó a cabo una manifestación monstruo de 150.000 personas; posteriormente, se realizó el asalto del Palacio del Gobernador del Bac Bo y del Ayuntamiento. Desde la una hasta las cuatro de la tarde el pueblo de Hanoi asedió el cuartel de la milicia y obligaron a los japoneses a retirar sus tanques y las tropas apostadas en todas las encrucijadas como medida intimidatoria. El camarada Nguyen Khang discutió con nosotros los problemas urgentes y nos anunció que al día siguiente el Comité Revolucionario de Hanoi y del Bac Bo (Norte de Vietnam) se presentarían ante el pueblo.

En ese momento el coche de la camarada Thap[7] se preparaba para salir hacia Nam Bo. Cao Hong Lanh y yo lo aprovechamos para continuar inmediatamente nuestro camino: eran las siete de la tarde. A partir de entonces allí donde nos deteníamos llevábamos las últimas noticias sobre la victoria de la insurrección en la capital y al mismo tiempo un gran apoyo moral a nuestros camaradas. Apenas salimos de Hanoi, el coche se dirigió a toda velocidad hacia la carretera N° 1 y pasó sucesivamente por Bang, Lim, Dong Van y Phu Ly; en todas partes ondeaba la bandera de la Revolución. En muchos de los pueblos situados al borde de la carretera ardían antorchas durante la noche. En Dang Xa, la milicia de choque se ocupaba en un incesante ajetreo.

Eran casi cerca de las nueve cuando llegamos a Nam Dinh. A la entrada del pueblo se nos hizo detener el coche; una mujer de la guardia popular, armada con un sable, verificó nuestros papeles. Se nos condujo a la antigua sede del residente francés de la provincia, donde el camarada Van Tien Dung nos acogió diciendo:

—Aquí, todo va bien.

Luego de una breve pausa, reemprendimos el camino. La carretera estaba colmada por la masa de manifestantes que enarbolaban banderas rojas y gritaban consignas a pleno pulmón; el auto no pudo acelerar hasta que hubieron transcurrido una decena de kilómetros.

---

[7]Miembro del Comité Central y Presidente de la Unión de Mujeres Vietnamitas.

En el calcáreo acantilado que conducía a la pagoda de Non Nuoc se leía, escrito en inmensas letras blancas: "¡Viva la victoriosa revolución vietnamita!"

En Ghenh, Bim Son y Len la guardia nos hizo mostrar nuestros papeles.

—Somos de los vuestros.

—Continuad vuestro camino.

La noche estaba ya muy avanzada cuando llegamos a Than Roa. El pueblo dormía, pero en las calles principales había grupos de jóvenes con pancartas con consignas revolucionarias. Se nos recibió, igualmente, en la antigua residencia del administrador francés. Después de asearnos un poco, intercambiamos las últimas noticias. El día empezaba a clarear: era preciso reemprender el camino.

Llegamos aproximadamente a las nueve a Vinh, donde el camarada Nguyen Tao salió a recibirnos:

—La cuestión de los japoneses –nos dijo– ha sido arreglada rápidamente. El Presidente del Comité Revolucionario de la provincia ya ha sido designado.

Atravesamos sucesivamente Ha Tinh, Quang Binh y Deo Ngang. Allí, por primera vez desde hacía mucho tiempo, volvimos a ver el mar. Después de tantos años de lucha clandestina en las bases revolucionarias de las regiones altas, nos invadió una alegría inmensa al poder circular libremente sobre la carretera principal, de un extremo a otro de nuestro país, pudiendo abarcar con una mirada la inmensidad del horizonte y del océano.

Después de Quang Tri nos dirigimos a Rué donde se nos dijo:

El emperador ha abdicado. Sólo se espera que lleguen los enviados del gobierno central que recibirán el sello y la espada real de sus propias manos.

En Da Nang (Tourane) nos encontramos con Le Van Hien que nos aguardaba con otros camaradas: emocionados, nos estrechamos la mano. Una de las mayores alegrías de nuestro viaje consistía en encontrarnos con tantos camaradas.

Pero al salir el presidente Ho nos hizo esta recomendación: —"Ganad tiempo para llegar al Sur lo antes posible, no os entretengáis en el camino. No perdáis ni siquiera medio día." Reemprendimos la marcha aquella misma noche.

Nos dirigimos a Quang Namo Aquí, como en muchos otros lugares de la carretera N° 1 nos cruzamos con regimientos completos de japoneses con sus largas filas de caballos y de cañones de todos los calibres, que se dirigían hacia los puestos de avituallamiento. Todos parecían tristes, tanto los oficiales como los soldados: era un ejército de vencidos.

En Quang Ngai la atmósfera estaba particularmente alterada. Los habitantes armados se manifestaban en masa por las calles. Mujeres del cuerpo de guardia, con los cabellos cortos, impedían el paso de nuestro coche con sus piquetes y nos gritaban: "¡Alto!" A pesar de haberles mostrado nuestros papeles se negaban a dejarnos pasar. Tuve que descender del coche para darles detalladas explicaciones. Consintieron finalmente en conducirnos frente al camarada responsable. Era Tran Quy Hai, llegado recientemente de la Conferencia de Tan Trao. Corrimos a toda velocidad pero nuestros amigos nos adelantaron sobradamente. Se nos condujo al hotel y nos ofrecieron agua de coco. Hablamos brevemente. Después nos despedimos y nos dirigimos hacia el Sur.

En Phue Yen, tuvimos que detenernos medio día.

Los dos grupos Viet Minh, el antiguo y el nuevo, no estaban de acuerdo: era obligatorio escucharlos a ambos. Cada una de las exposiciones terminaba con la misma pregunta: "¿Quién es Ho Chi Minh?"

Nuestra respuesta satisfizo a todo el mundo: de esta forma desapareció la discordia entre los hijos de una misma familia.

Después nuestro coche reemprendió su camino por la magnífica carretera del Sur de Trung Bo (Vietnam Central), que extiende su rectilínea cinta al sol, bajo un cielo sereno, entre las montañas y el mar.

Aquí, como en todas las etapas anteriores, las banderas rojas con la estrella dorada ondeaban a ambos lados de la carretera, las manifestaciones se sucedían como una corriente ininterrumpida gritando las consignas con el brazo levantado. ¡Qué irresistible río constituían esos hombres armados con lanzas, espadas, cuchillos y hachas!

Allí donde íbamos el poder estaba ya en manos del pueblo, nuestra bandera flotaba al viento y las consignas revolucionarias resonaban con su propio acento en todas las provincias. Todos estos acentos, tanto del Norte como del Sur, vibraban con la misma nota ardiente, como si un terremoto atravesara el país de un extremo a otro, alzando a nuestro pueblo como si fuera un solo hombre.

Exactamente después de una semana de haber partido de Hanoi llegamos a Bien Roa, provincia limítrofe del Nam Bo, ya avanzada la noche. Se nos retuvo en el primer puesto de control, situado en plena maleza. Por teléfono se pidieron instrucciones a Saigón.

Después, reemprendimos camino. Detrás de nuestro coche los automóviles de la milicia local transportaban toda una unidad de paracaidistas franceses que acababan de ser hechos prisioneros en la selva de Bien Roa: se les conducía a la prisión de Chi Roa.

Pronto vimos Saigón y sus luces que resaltaban aún más el color rojo de las banderas. Nuestros camaradas nos dijeron:

—Todo está en orden desde ayer.

Se nos condujo al Palacio de Nam Bo, antigua residencia del gobernador francés, para que descansáramos. Acabábamos apenas de cerrar los ojos cuando llamaron a la puerta:

—Los delegados de los grupos políticos y de las asociaciones han tenido conocimiento de la llegada de los enviados del "Tong Bo" (Dirección Central del Viet Minh). Solicitan veros inmediatamente.

Después de conferenciar con el Comité Regional del Partido, me dirigí a la reunión de delegados. Me asaltaron con una lluvia de preguntas que, finalmente, desembocaron como en todas partes, en la misma pregunta:

—¿Quién es Ho Chi Minh?

El Jefe del Estado revolucionario ¿quién habría podido ser, sino el camarada Nguyen Ai Quoc?

De todos los lugares de la sala llegaron las ovaciones:

—¡Viva el gobernador central! ¡Viva el presidente Ho Chi Minh!

El inmenso prestigio del tío Ho y la bandera heroica, roja por la sangre de los revolucionarios de nuestro Partido y del Frente Viet Minh, habían operado el milagro: todos los corazones se unían inmediatamente. En esta unión de nuestro pueblo, más amplia y sólida que nunca, radicaba el poder revolucionario que acababa de crearse.

Envié un telegrama al Norte:

"En las veintiún provincias que he cruzado, el poder está en nuestras manos. Todo ha ido igualmente bien en la asamblea del Nam Bo."

Hanoi cablegrafió la siguiente respuesta:

"Proclamación de independencia el 2 de septiembre."

Al pie del cadalso

Le Van Luong

Yo era descargador en Nha Be. Había participado en la dirección de una huelga, en el curso de la cual los obreros dieron muerte a un contramaestre, hirieron gravemente a un cocinero y "birlaron" un cierto número de fusiles a las tropas enviadas para reprimirlos. Tenía 19 años. Fui detenido y conducido ante el Tribunal en el "proceso al Partido Comunista indochino".

Después de haber sido apaleados en el puesto de policía, fuimos encarcelados. Como me negaba a confesar, se me encerró en un calabozo, negro como la noche. Permanecí en él veintiún días sin ver absolutamente nada. Solamente a partir del quinto día me di cuenta de que me dejaban dos escudillas de arroz en cada comida. Hasta ese momento sólo creía que me traían una. El tribunal procesaba por "delito político" a todos los que habían editado periódicos revolucionarios o que habían escrito artículos en ellos. Los huelguistas y todos aquellos que habían sustraído *paddy* de los depósitos o que habían atacado a los soldados eran considerados, en bloque, como "bandidos y asesinos".

En la audiencia se nos privó del derecho de hablar. Apenas había tenido tiempo para gritar: "Nos jugamos nuestra cabeza y no tenemos derecho a responder más que un sí o un no! ¿Qué justicia es esta?" Los guardias me sacaron fuera de la sala. Hung consiguió decir algunas palabras: "¡Vuestra justicia es muy divertida! No tengo más que una cabeza. Ya me habéis condenado una vez a muerte. Ahora vais a condenarme otra vez por otro cargo. ¿Dónde encontraré una segunda cabeza?" También fue arrancado de su banco *manu militari.* En cuanto a Tu, se mantenía firme en su única y exclusiva declaración:

"Vosotros calumniáis a mi Partido. En primer lugar, debo defenderlo. En lo que a mí respecta responderé después." Se obstinaba en reclamar el derecho a defender al Partido.

El Socorro Rojo Internacional y el Partido Comunista francés habían confiado nuestra defensa a unos abogados progresistas de Saigón.

Uno de ellos había dicho en su defensa: "Solicito al tribunal que tome en consideración la juventud de mi cliente: no ha reflexionado con madurez…", el camarada en cuestión se levantó y le interrumpió: "¡No es verdad! No admito este argumento. Somos jóvenes pero sabemos lo que hacemos. Trabajar por la liberación de nuestro país y de la clase obrera: ¿se puede afirmar que es una falta de reflexión?"

El tribunal dio su veredicto. Por los "delitos políticos" dictó condenas a la deportación perpetua o a quince o veinte años de deportación en Poulo Condor. Los que eran inculpados de "asesinato y rebelión", como el camarada Le Quang Sung, otros seis y yo mismo, fuimos condenados a muerte. En cuanto al camarada Hung, a su antigua condena a muerte se añadieron veinte años de trabajos forzados.

A Sung y a mí se nos trasladó a la prisión central de Saigón. Al llegar ante la celda de los condenados a muerte, oí una voz familiar que me decía: —Luong, Luong, ven a hacernos compañía.

El que me llamaba era Huong. Estaba sentado en el umbral de su celda. Sus camaradas y él habían logrado obtener que, de vez en cuando, y durante el día, se abriera la puerta de su celda para airearla y permitirles ver la luz. Than y Ro también nos invitaron:

—Venid con nosotros. Podemos agruparnos aún más, no tiene ninguna importancia.

Eramos siete en la misma celda. Huong no había perdido su buen humor.

Poco tiempo después de nuestra llegada a la prisión, los guardianes nos preguntaron:

—¿Queréis apelar contra la sentencia?

—Evidentemente. No hemos cometido ningún crimen y nos han condenado a muerte.

Solicitamos la apelación. Cancellery, que el Socorro Rojo Internacional había encargado para nuestra defensa, frecuentemente nos visitaba. Supimos que había sido miembro del Partido Comunista francés, y aunque lo había abandonado, continuaba siendo un simpatizante. Cada vez que venía nos traía golosinas y cigarrillos. Un día nos dio dinero. Al ver que nos negábamos a aceptarlo se apresuró a precisar:

—Es el Socorro Rojo Internacional el que os lo envía.

—Siendo así lo aceptamos y os rogamos que transmitáis nuestro agradecimiento.

Cancellery nos dijo que el Partido Comunista francés había emprendido una campaña para exigir la conmutación de la pena de muerte. Nosotros ya estábamos algo al corriente de esta campaña: leíamos la prensa francesa. El guardián jefe de la prisión nos traía *l'Intransigeant*, *La Marsellaise* y *Le Paris-Soir*. "Los compro para mí, dijo, pero os los presto, como un favor especial."

Lo que más nos interesaba en la prensa en aquel entonces era el proceso de Leipzig. Los nazis juzgaban a Dimitrov, y el asunto tenía repercusiones en todo el mundo, La prensa burguesa publicaba informaciones muy detalladas. En nuestra celda de condenados a muerte estábamos, tal vez, mejor informados que la gente del exterior. Leíamos las respuestas del camarada Dimitrov, estudiábamos cómo defendía al Partido y acusaba al imperialismo apoyándose en la legislación burguesa. Dimitrov nos enseñaba cómo se comporta un comunista que defiende a la Internacional, a su Partido y a su pueblo. Al denunciar los crímenes de Goering y de Hitler nos enseñaba también la táctica a seguir frente a un tribunal. La prensa burguesa francesa reconocía el valor de Dimitrov. Esto nos llenaba de alegría y orgullo. Teníamos la impresión de que estábamos madurando.

—Si hubiéramos sabido todo esto, decíamos, aún hubiéramos respondido mejor frente a los jueces.

Habíamos conseguido relacionarnos con los prisioneros políticos del edificio exterior: ellos hacían aparecer mediante el empleo de tintura de yodo lo que habíamos escrito con agua de arroz en las páginas de los libros, los cuales tomábamos prestados de la biblioteca de la prisión, y que les transmitíamos posteriormente. De esta forma estábamos al corriente de lo que pasaba afuera. Pero nosotros, que no esperábamos más que el día ir al cadalso, no teníamos nada en especial sobre qué informarles.

Detrás de nuestra celda había una hilera de papayos en los que gorriones piaban durante toda la jornada. Un día, los prisioneros por delitos comunes armados con palos y largas cañas de bambú, vinieron a expulsarlos. Nos explicaron que el guardián jefe les había ordenado que protegieran las papayas con el fin de guardarlas para nosotros. Ya no oiríamos más el canto de los pájaros pero, después de todo, no nos importaba demasiado. Sin embargo, creíamos que era mejor reservar las papayas para los niños del departamento de mujeres. Esos pobres chiquillos, que no habían hecho absolutamente nada, estaban también en la cárcel. Dimos a conocer nuestro punto de vista a los guardias.

Un día nos trajeron una gran cantidad de víveres ¿De dónde provenían? Simplemente, los habían sustraído de los paquetes enviados por sus familias a los prisioneros de derecho común. Protestamos:

—Ellos también son prisioneros, e incluso más desgraciados que nosotros.

Los guardianes nos apreciaban cada vez más. Algunos estaban totalmente sorprendidos por nuestra actitud, hasta el extremo que vinieron a pedirnos disculpas por lo que habían hecho. "Nosotros combatimos contra los colonialistas franceses, contra los imperialistas, les repetíamos. No tenemos nada en contra de vosotros, ningún odio." No salían de su asombro. Generalmente después de la comida nos divertíamos. Jugábamos a las cartas, cantábamos canciones del teatro clásico e incluso se representaban algunas obras. Cuando la puerta estaba abierta, cada vez que pasaba alguien, le hacíamos reír. Tendidos en nuestra celda, oíamos los gritos de los vendedores ambulantes. Les imitábamos: –"Jugo de coco, caña de azúcar"–. De esta forma teníamos la impresión de pasearnos por las calles. Los ruidos del exterior nos hacían sentir nostalgia de las fábricas, de las calles y, a veces, era insoportable.

Habían transcurrido seis meses. Hung llevaba en la celda de los condenados a muerte trece meses.

Lo habíamos previsto todo, la forma de andar, la conducta que debíamos observar frente a la guillotina para afrontar la muerte con dignidad. Habíamos pedido a los guardias que nos describieran detalladamente el cadalso: nos preguntaron por qué nos interesaba eso. "Para no ser sorprendidos de improviso cuando estemos en él", repuse.

Nos habíamos informado también sobre los reglamentos y el ceremonial. Generalmente, se preguntaba a los que iban a ser ejecutados: "¿Queréis recibir la extremaunción?", y un sacerdote asistía a la ejecución. Yo quería responder: "¿Qué falta he cometido para tener que confesarme y recibir la extremaunción?" En la justicia francesa, hay oportunidades para que el prisionero que va a afrontar la muerte, en el horror del último momento, lo diga todo para salvarse. No estaba mal calculado, pero con nosotros, no hubiera funcionado. "Queréis escribir vuestra última voluntad a vuestra familia?", preguntaban también. Escribir era una cosa interesante.

Pero según el reglamento, cada condenado tenía únicamente derecho a una carta. Nos pusimos de acuerdo. Le Quang Sung estaba casado. Su mujer, Sau Diec, era una camarada muy valiente y él la amaba mucho. El escribiría a Sau Diec. Hung y yo, en nombre de los camaradas, escribiríamos a Ngo Gia Tu y a los demás camaradas detenidos en Poulo Condor; nuestros más estimados compañeros de lucha.

Seguidamente discutimos sobre lo que diríamos frente a la guillotina que pudiera llegar a las masas. Naturalmente, los obreros y los campesinos no estarían allí, y no tendríamos mucho tiempo. Por tanto debíamos hablar breve y claramente. Escogimos cuatro consignas:

"¡Abajo los imperialistas franceses!"
"¡Viva el Partido Comunista Indochino!"
"¡Viva la revolución indochina!"
"¡Viva la Internacional Comunista!"

Habíamos aprendido también la Internacional, que ya había sido traducida al vietnamita. Ensayábamos para cantarla correctamente cuando se nos condujera a la guillotina. Las palabras eran casi las mismas que las de hoy en día.

Sabíamos que las ejecuciones tenían lugar hacia las cinco de la madrugada. Nos acostábamos temprano y nos levantábamos también pronto. Nos aseábamos cuidadosamente, y nos vestíamos correctamente. Estábamos dispuestos, pero nadie venía a buscarnos.

Un día, en el séptimo mes de nuestro encarcelamiento, el guardián jefe nos preguntó:

—¿Por qué no solicitáis que se os perdone?

— Qué falta hemos cometido para tener que solicitarlo? Hacer la revolución no es una falta. Apelamos a vuestro criterio, rechazamos vuestros tribunales y vuestras leyes. Que se nos guillotine o no, no es nuestro asunto.

El procurador general vino, finalmente, a vernos:

—Acabáis de cumplir 19 años. Tenéis toda la vida por delante, sois instruidos y poseéis sólidos conocimientos.

Durante dos días vino a repetirnos los mismos argumentos. Finalmente le hicimos comprender que perdía el tiempo. Cancerelly, que se había dejado influenciar, sin duda, por el procurador, también vino a decirnos:

—No queréis solicitar vuestro perdón por el honor del Partido. Está muy bien. Pero, dicho entre nosotros, no es más que una cuestión de forma. No tiene ninguna importancia, y el honor del Partido no está en juego.

—Hasta ahora nos habéis ayudado mucho y os lo agradecemos, le respondimos. Pero esta vez, permitidnos que no sigamos vuestros consejos.

En esa época una poderosa acción estaba en curso en Francia para exigir la liberación de los prisioneros políticos indochinos. Pero en el terreno los colonialistas querían obligarnos a solicitar nuestro perdón.

Un mes más tarde el guardián jefe reapareció y nos dijo frotándose las manos: —Se acabó, se acabó.

—¿ Qué es lo que se ha acabado?

—Mañana salís de aquí.

—¿Mañana? Bien, estamos preparados.

—No, salir de aquí, significa que os iréis a otra parte, sin duda a Poulo Candor.

El Partido Comunista francés había desencadenado una gran campaña para reclamar el perdón de diez mil prisioneros políticos indochinos y exigir, en particular, la anulación de más de una decena de condenas a muerte. Esta lucha, inspirada por el internacionalismo proletario, había sido coronada con el éxito.

El guardián jefe nos había anunciado la noticia en términos ambiguos, para ver si teníamos miedo. Más tarde, Cancellery me mostró los periódicos con las intervenciones de los diputados comunistas franceses. Fue en ese momento cuando supe que durante los siete u ocho meses de nuestra detención los obreros y el pueblo francés habían luchado para exigir nuestra liberación. Y Hung Sung y yo nos dijimos:

—"Si aún estamos con vida, se lo debemos a los proletarios franceses." A principios del mes de enero de 1934 se nos envió a Poulo Condor. Salíamos de un infierno para entrar en otro. Hung y yo aún compartimos, durante dos años, las mismas cadenas, como en la celda de los condenados a muerte. Reemprendimos la lucha y nuestra acción de militantes. La cartilla de Hung no era más que una acumulación de sellos rojos: se marcaban las hojas con un sello en cada falta.

Después de la victoria de la revolución, el Partido y el Gobierno enviaron un barco para conducirnos. En el mismo momento en que poníamos los pies en el continente, los imperialistas franceses desencadenaban las hostilidades en Saigón. Era el 23 de septiembre de 1945.

Una nueva batalla nos aguardaba.

Estrategia y táctica del partido[1]

Truong Chinh

A través de los problemas mencionados hemos podido discernir de cierta manera cómo nuestro partido ha aplicado la estrategia y la táctica del marxismo-leninismo para llevar la revolución vietnamita a la victoria. Es necesario, pues, exponer esa cuestión de manera relativamente sistemática, porque es una cuestión muy importante de la ciencia de dirección de la lucha revolucionaria de la clase obrera.

La *estrategia revolucionaria* consiste en definir al enemigo principal para derrocarlo y concentrar las fuerzas en cada etapa de la revolución (dirección del golpe principal), en determinar a los aliados de la clase obrera en cada etapa, en elaborar los planes para la disposición de las fuerzas revolucionarias, en ganar a los aliados, en utilizar correctamente las reservas directas e indirectas, en aislar al máximo grado al enemigo, en asestar el golpe más importante contra el enemigo principal inmediato y en luchar para realizar ese plan en toda la etapa dada de la revolución.

---

[1]Fragmento de la conferencia "¿Cómo aplicó nuestro partido el marxismo-leninismo en Vietnam?", pronunciada al conmemorarse el 150 aniversario del nacimiento de Carlos Marx, en 1968. Tomada de Truong Chinh: *El marxismo vietnamita*, Grijalbo, México, 1972.

La *táctica revolucionaria* consiste en definir el objetivo que ha de seguir la clase obrera en cada período de flujo o reflujo de la revolución, en escoger las formas de lucha y de organización, las consignas de propaganda y agitación que convienen a cada período y situación, en sustituir las viejas formas de lucha y de organización, las consignas viejas por las nuevas y en combatir las viejas formas de lucha y de organización para conquistar la victoria en cada movimiento y en cada lucha. En cuanto a la estrategia revolucionaria, nuestro partido procedió a un análisis completo de la situación concreta de nuestro país en cada etapa de la revolución para discernir al enemigo por derrocar, la fuerza dirigente, las fuerzas motrices de la revolución, y los aliados con quienes la clase obrera podía contar: aliados cercanos, lejanos, confidentes, temporarios, vacilantes, condicionales, etc. Solo con tal conocimiento pudimos reunir todas las fuerzas bajo la dirección de la clase obrera, atacar la ciudadela del enemigo, derrocarlo y conquistar la victoria para la revolución.

La estrategia revolucionaria es la ciencia del conocimiento del enemigo, de las fuerzas motrices de la revolución, de los aliados de la clase obrera en cada etapa estratégica o en un período de carácter estratégico de una etapa dada, a fin de agrupar todas las formas revolucionarias, ganar a los aliados y aislar a los enemigos para derrotarlos.

En lo concerniente a la cuestión de *discernir bien al enemigo,* la experiencia de la revolución vietnamita ha probado que para lograr la victoria nuestro partido debe en primer lugar conocer quién es el enemigo por derrocar en cada etapa estratégica (a veces en cada período de una etapa), *apuntar constantemente al enemigo concreto e inmediato y no al enemigo en general,* distinguir al enemigo principal del enemigo secundario, aislar al enemigo principal para derrocarlo, explotar las contradicciones en las filas de los enemigos, dividiéndolos al máximo grado, y concentrar las llamas de la lucha revolucionaria contra el enemigo principal inmediato.

En la *revolución nacional-democrática-popular,* el enemigo estratégico a quien se debe derrocar es el imperialismo agresor y su lacayo y soporte, la clase de los terratenientes feudales. Pero, concretamente, se debe señalar qué imperialismo y qué terrateniente feudal en toda la etapa de la revolución o en cada período de esa etapa.

El enemigo imperialista en nuestro país, desde la fundación del partido hasta 1940, era el imperialismo francés. Durante el período del frente democrático (1936-1939) nuestro partido precisó que el enemigo eran los fascistas franceses y los reaccionarios colonialistas franceses en Indochina. De agosto de 1940 a marzo de 1943, después de la entrada del ejército fascista y militarista japonés que participó en el poder con los colonialistas franceses los fascistas japoneses y franceses eran el enemigo inmediato de nuestro pueblo. Después del golpe de fuerza de marzo de 1945, provocado por los fascistas japoneses con el fin de suplantar a los colonialistas franceses y asumir el monopolio de Indochina, los fascistas japoneses fueron el enemigo imperialista de nuestro pueblo. Durante la resistencia de larga duración contra los colonialistas agresores franceses (1945-1954), el enemigo imperialista fueron de nuevo los colonialistas franceses y al mismo tiempo los imperialistas norteamericanos que ayudaron y empujaron a aquéllos a reconquistar nuestro país. Después de la gran victoria de Dien Bien Phu, el enemigo imperialista que se debe derrotar es el imperialismo yanqui que remplaza a los colonialistas franceses y desencadenan la agresión en el sur y la guerra de destrucción contra el norte de nuestro país.

El enemigo constituido por la clase de los terratenientes feudales vietnamitas considerado en primer lugar es también un objetivo que hay que destruir en la revolución nacional-democrático-popular en nuestro país. Pero, en cada período, es necesario discernir quiénes son los terratenientes feudales por aplastar en primer lugar. Por ejemplo: durante el período desde la fundación de nuestro partido hasta la sexta sesión del Comité Central (diciembre de 1939) era el rey, y los mandarines y notables crueles, es decir, los feudalistas en el poder en aquel entonces, lacayos de los imperialistas franceses. Después de esta reunión, decidimos que los feudalistas que se debían derribar en primer lugar eran los traidores, títeres a sueldo de los fascistas japoneses y franceses. Diferenciamos la clase de los terratenientes feudales, aislamos a los feudalistas más reaccionarios para vencerlos al mismo tiempo que a sus amos, los fascistas, japoneses y franceses, sin derrocar todavía la clase terrateniente feudal en su conjunto. Con el desarrollo de la revolución nacional-democrático-popular los imperativos de la resistencia contra los colonialistas franceses impusieron la necesidad de una reforma agraria para liderar la alianza obrero-campesina, el mejoramiento de las fuerzas del pueblo e impulsar la lucha hasta la victoria. Solo en aquel momento definimos la tarea de derrocar la clase de los terratenientes feudales en su conjunto y abolir la propiedad feudal de la tierra.

En cuanto a la diferenciación de las filas enemigas durante el período del frente democrático (1936-1939), nuestro partido no había definido aún la tarea de derrotar el imperialismo francés o el colonialismo francés en su conjunto, sino solamente a los fascistas franceses y a los reaccionarios colonialistas franceses, es decir, a los enemigos más peligrosos del pueblo vietnamita en esa época.

Frente a la clase terrateniente feudal, después de la revolución de agosto, realizamos la mencionada política agraria, aplicamos las medidas de confiscación, requisición, compra forzada y oferta de la parte del interesado, según la actitud política de cada latifundista. Esos métodos tendían a diferenciar al máximo grado la clase de los terratenientes, a paralizar en cierta forma su oposición y a ganar a los que habían participado en la resistencia con sus familiares.

Hoy, *en el sur de nuestro país* la tarea de la *revolución nacional-democrático-popular* está en vías de *cumplirse.* La política del Frente Nacional de Liberación de Vietnam del Sur consiste en dirigir la punta de lanza contra los imperialistas agresores norteamericanos y la administración títere a su sueldo (la pandilla de Thieu-Ky en este momento), que representa a los terratenientes y burgueses mercantiles pro-yanquis más reaccionarios.

En la *revolución socialista del norte,* el objetivo que debe destruir la revolución está compuesto, además de los imperialistas agresores yanquis y sus lacayos en el sur, por las fuerzas opuestas a la transformación socialista y a la edificación del socialismo. Por ejemplo: elementos explotadores negados a reeducarse, espías, comandos, bandidos, reaccionarios disfrazados de religiosos, partidos reaccionarios, etc. La burguesía nacional es un objetivo que se debe transformar; pero ya que forma parte del Frente Nacional Unido antimperialista tanto en el período de la revolución nacional-democrático-popular como en el momento del paso a la revolución socialista, sigue reconociendo la dirección del partido y acepta la política de transformación socialista, nuestro partido y nuestro gobierno la han considerado siempre como miembro del Frente de la Patria de Vietnam y recomiendan hacia ella una política de transformación pacífica.

Un punto importante digno de señalar es que nuestro partido supo aprovechar las contradicciones internas de los enemigos de la revolución: contradicción entre los diferentes imperialismos, contradicción entre el imperialismo y la clase de los terratenientes feudales, contradicción entre los propietarios agrarios mismos... Aprovechar las contradicciones internas del enemigo y agudizarlas, al mismo tiempo que se estrechan las filas de la revolución, es un gran problema del dominio de la dirección estratégica.

¿Cómo aprovechó nuestro partido las contradicciones internas del enemigo? He aquí algunos ejemplos destacados: durante la segunda guerra mundial aprovechamos las contradicciones entre los fascistas franceses y los fascistas japoneses, entre los petanistas y los capitalistas y colonialistas franceses antipetanistas y antijaponeses; también aprovechamos las contradicciones entre la clase terrateniente y los fascistas japoneses y franceses (acerca del problema del cultivo del yute y de la compra forzada del arroz), y las contradicciones entre los pequeños terratenientes sin poder y los terratenientes en el poder. Hoy día, estamos haciendo lo mismo.

Otra cuestión no menos importante del dominio de la dirección estratégica es la de saber concentrar las fuerzas de la revolución, atacar al enemigo en su punto más vulnerable y acorralarlo en su momento más necesitado para conquistar la victoria. Es necesario atacarlo con una firme voluntad de combatir hasta vencer. Pero a veces, según la correlación de fuerzas entre el enemigo y nosotros, pasamos a la defensiva para ganar tiempo, a fin de aflojar la voluntad del enemigo, acopiar más nuestras fuerzas y prepararnos para las nuevas ofensivas.

La fuerza dirigente en la revolución nacional-democrático-popular, *en cuanto a fuerza motriz y aliada de la revolución,* es la clase obrera; las fuerzas revolucionarias están compuestas por cuatro clases (obrera, campesina, pequeñoburguesa y burguesa nacional); cuyas fuerzas motrices cuentan con la clase obrera, la campesina y la pequeñoburguesa. Las clases obrera y campesina constituyen fuerzas fundamentales de la revolución. La clase campesina es el "aliado natural", el aliado más fiel y cercano de la clase obrera. La clase pequeñoburguesa es vacilante por naturaleza, pero como en nuestro país es víctima de la feroz opresión y explotación de los imperialistas y feudalistas, llega a ser el aliado de confianza de la clase obrera. La burguesía nacional vietnamita sufre la competencia económica y la opresión política, pero tiene también relaciones económicas con la clase de los terratenientes feudales y en cierta medida con el imperialismo y, aún más, explota a los obreros y no quiere que se desarrolle el movimiento obrero. Por eso tiene una actitud ambigua y se muestra vacilante. Sin embargo, es aliada de la revolución nacionaldemocrático-popular, a diferencia de la burguesía compradora que es siempre un objetivo combatido por la revolución en nuestro país.

Hemos citado los aliados en el país. Ahora, ¿cuáles son los aliados de la revolución vietnamita en el extranjero? Son la clase obrera y los pueblos de los países socialistas; la clase obrera, los trabajadores y los pueblos oprimidos en el mundo. Una importante experiencia de nuestra revolución es la necesidad que tiene nuestro pueblo de aliarse estrechamente con la clase obrera y los trabajadores de los países imperialistas que agreden a nuestro país (Francia, Japón, Estados Unidos) para luchar contra el enemigo común que es el imperialismo. La realización de esa política de alianza permite acrecentar las fuerzas con miras a derrocar a los imperialistas opresores y agresores, y reconquistar la independencia nacional. Es por eso que el pueblo vietnamita tiene que distinguir claramente entre los imperialistas opresores y agresores y los pueblos de esos países, para no caer en un nacionalismo ciego, es decir, colocar en un mismo saco a los imperialistas y a los pueblos de esos países, que sufren igualmente el yugo de la opresión y la explotación.

En lo concerniente a las fuerzas motrices y a los aliados de la revolución, la cuestión que se le plantea a la clase obrera y a nuestro partido es la siguiente: la revolución es la obra de las masas; el destacamento de vanguardia de la clase obrera (el partido) o la clase obrera por separado jamás lograrán hacerla con éxito. Una amplia participación de las masas populares es la condición de la victoria, de la revolución. Por tanto, la clase obrera y su partido deben no solo discernir claramente al enemigo, sino también saber distinguir las fuerzas de la revolución de sus fuerzas motrices en cada etapa, ver todos los aliados de una revolución para agrupar ampliamente las fuerzas revolucionarias, ganar a los aliados, unir a todos los que puedan ser reunidos, ganar a todos los que puedan ser ganados y tratar en lo posible de neutralizar a los que no puedan ser ganados. El objetivo consiste en aislar al máximo grado al enemigo concreto e inmediato, y agrupar completamente a las fuerzas revolucionarias a fin de derrocarlo

En cuanto a la política de alianza, hay alianzas duraderas para toda una etapa estratégica de la revolución y alianzas temporarias para un período determinado de una etapa revolucionaria. Hay también alianzas para la acción y alianzas para la neutralización.

El frente nacional unido antimperialista en nuestro país es una forma -de *unión* de las fuerzas revolucionarias y al mismo tiempo una forma de *alianza duradera* entre las diversas capas de la población, los diferentes partidos democráticos, las organizaciones de masas y personalidades democráticas para la *realización de la unidad de acción* sobre la base del programa político del frente.

La experiencia de nuestra revolución demuestra que es mejor tener un amplio frente nacional unido; pero lo esencial es que el *frente disponga de un programa político explícito y sea capaz de realizar la unidad de acción entre sus diversos miembros para poner en práctica ese programa, y que tenga que apoyarse sobre una sólida alianza obrero-campesina y someterse a la dirección estrecha del partido marxista-leninista.* Solo con esas condiciones es posible asegurar la victoria de la revolución.

Al participar en el frente, el partido marxista-leninista tiende esencialmente a unir todas las fuerzas del pueblo para poner en práctica el programa del frente (programa mínimo) en cada etapa de la revolución. Mientras tanto, debe siempre preservar su independencia y tener su propio programa (programa máximo) para mantener bien la dirección de la revolución sobre la base de la alianza obrero campesina; no puede dividir esta dirección con otro partido, cualquiera que sea, y debe cuidar de no dejar a la dirección del frente nacional unido caer en manos de la burguesía nacional, pues se convertiría en un aprendiz de la burguesía nacional, y la revolución nacional democrática estaría condenada al fracaso.

Hoy día, los enemigos más peligrosos del pueblo vietnamita son los imperialistas agresores y sus agentes a sueldo. Para vencerlos, defender el norte y edificar con éxito el socialismo, liberar el sur y realizar la reunificación pacífica del país, el pueblo vietnamita debe llevar a cabo una política de *amplia unión contra la agresión norteamericana.* La población del norte se une en el Seno del Frente de la Patria de Vietnam, y la población del sur en el seno del Frente Nacional de Liberación de Vietnam del Sur y de la Alianza de las Fuerzas Nacionales Democráticas y de Paz de Vietnam. El pueblo entero debe unirse y combatir codo a codo por la salvación nacional.

El imperialismo agresor norteamericano es también el enemigo común de los pueblos de Indochina y del mundo entero. Es por eso que los pueblos de Vietnam, Laos y Camboya deben unirse para oponerse a la agresión norteamericana, reconquistar y defender la independencia, la soberanía, la unidad y la integridad territorial de su país.

La Conferencia de los Pueblos Indochinos, que tuvo lugar en Pnom Penh hace unos años, pudo ser considerada como un embrión del futuro Frente Unido de los Pueblos Indochinos contra el imperialismo norteamericano. Los pueblos del mundo tienen que unirse igualmente para oponerse al imperialismo agresor yanqui, y defender la independencia nacional y la paz. Estamos jubilosos de observar que el amplio movimiento popular mundial en apoyo del pueblo vietnamita contra el imperialismo agresor yanqui, ha creado las condiciones favorables para la formación de un frente unido de los pueblos del mundo opuesto al imperialismo norteamericano.

Ahora vamos a hablar algo sobre la táctica de nuestro partido. La estrategia revolucionaria tiene por objeto derrotar al enemigo de la revolución en cada etapa, mientras que la táctica revolucionaria mira solamente el objetivo de conquistar la victoria en una lucha o en un movimiento determinado. La táctica forma parte integrante de la estrategia, que contribuye a asegurar el triunfo. La táctica cambiará a merced del flujo o reflujo de la revolución, y a merced de su posición de ofensiva o de defensiva.

La táctica tiene por fin buscar las formas de lucha y de organización, las consignas de propaganda y de agitación que respondan al flujo o reflujo de la revolución, además de agrupar a las amplias masas, educarlas y llevarlas al frente revolucionario de manera más eficaz. Cada cambio de la situación encamina a menudo a la necesidad de un cambio de las formas de lucha y de organización, de las consignas de propaganda y de agitación, para poner en marcha a tiempo el movimiento de masa, agrupar las fuerzas revolucionarias o preservarlas y preparar nuevos ataques. En cada auge impetuoso del movimiento revolucionario es necesario saber utilizar las *formas transitorias* de lucha y de organización para hacerlo progresar rápidamente "en un día tanto como en veinte años." Cuando el movimiento baja, es necesario saber cambiar las formas de lucha y de organización, las consignas de agitación y los métodos de trabajo para preservar las fuerzas y mantenerse en contacto con las masas. Antes de la toma del poder se debe combinar hábilmente el trabajo ilegal con el trabajo legal o semilegal, pero considerando el trabajo ilegal como el principal. En las condiciones favorables hay que saber aprovechar las organizaciones legales con el fin de agrupar a las masas y dirigirlas en la lucha hacia la conquista de los intereses cotidianos; al mismo tiempo, es necesario desarrollar las organizaciones ilegales del partido y de masas. En las circunstancias más difíciles es menester saber aprovechar la posibilidad de efectuar actividades legales y semilegales, y llevar un trabajo clandestino en el seno mismo de las organizaciones de masas del enemigo. Como dijo Lenin, los comunistas deben necesariamente encontrarse dondequiera que haya masas, trabajar por la revolución. Por difícil que sea la situación se debe saber movilizar a las masas hacia la lucha económica y política, y en un momento dado, cuando las condiciones requeridas estén reunidas, se desplegará la lucha armada. Es necesario lanzar a tiempo las consignas justas para avivar las llamas de lucha en las filas de las masas. En la cadena de trabajo es necesario descubrir el eslabón principal, y tomarlo en la mano para poner en acción todo el trabajo en su conjunto. En la dirección táctica es preciso cuidar de no caer en desviaciones de derecha o de izquierda, mantenerse en estrecha ligazón con las masas, agruparlas y elevarles la conciencia política; sean cuales sean las dificultades y obstáculos es necesario saber hilvanar y hacer progresar el movimiento de masas.

Tales son algunas experiencias de nuestro partido en la aplicación de la táctica revolucionaria. Durante el período de la fundación del partido y del auge revolucionario de 1930-1931, la cuestión principal de la revolución vietnamita era la de unificar las fuerzas comunistas en el país, construir un partido de nuevo tipo de la clase obrera y realizar la alianza obrero-campesina. Es por eso que después de la Conferencia de Unificación (3 de febrero de 1930) el partido continuaba enviando a los militantes hacia las masas, con el propósito de que entraran en las fábricas y en las regiones rurales para poner en pie a los núcleos y a las organizaciones de masas. También había publicado el periódico *Tien Len* (Adelante) para unir al partido en lo ideológico y organizativo, movilizar a las masas obreras y campesinas a la lucha, y realizar la unidad de acción frente a las masas; durante el auge revolucionario de los soviets de Nghe Tinh había combinado la lucha política con la lucha armada para conquistar el poder en algunas regiones.

En el período del Frente Democrático (1936-1939), el partido se esforzó por utilizar todas las posibilidades legales y semilegales para hacer el trabajo de propaganda, organizar a las masas y dirigirlas en la lucha por las libertades democráticas y una vida mejor; al mismo tiempo, continuó desarrollando las bases de organización ilegal a fin de tener la debida preparación para enfrentarse a todas las eventualidades. Cuando al estallar la Segunda Guerra Mundial los reaccionarios colonialistas franceses intensificaron la represión, el partido pasó inmediatamente a la ilegalidad.

Durante esa época nuestro pueblo fue sometido a un triple yugo de opresión y explotación extremadamente feroz por parte de los fascistas japoneses y franceses y de los feudalistas en el país. El partido tomó entonces la dirección del pueblo y combinó la lucha económica, la lucha política y la lucha armada, mientras cambiaba las consignas de lucha. Por ejemplo, puso de relieve la consigna de liberación nacional, dejó provisionalmente la de "confiscar las tierras de los terratenientes para distribuirlas luego a los campesinos pobres", y lanzó la siguiente: "Confiscar las tierras de los imperialistas y vendepatrias, reducir las rentas agrarias y los intereses de usura, encaminarse hacia la realización del principio de tierra a los que la trabajan." Con respecto a la organización, el partido creó las Asociaciones de Salvación Nacional de las masas, puso en pie a los grupos de combate de autodefensa y a las unidades de guerrillas, desencadenó la lucha armada e hizo los preparativos prácticos para una insurrección armada con miras a tomar el poder.

Inmediatamente después del golpe de fuerza del 9 de marzo de 1945, realizado por los fascistas japoneses, el partido analizó los cambios surgidos en las filas del enemigo y de los aliados, y definió con mayor prontitud las tareas inmediatas y las nuevas orientaciones estratégicas y tácticas.[1] Especialmente en el dominio táctico había definido la tarea urgente y lanzado la consigna crucial: "A asaltar los depósitos de arroz y combatir el hambre." Así, el partido avivó las llamas de la lucha revolucionaria de las masas, y las movilizó hacia las calles a asaltar los depósitos de arroz de los fascistas, lo que respondía a una necesidad vital de millones de personas: la distribución del arroz para extinguir el hambre. Gracias a esas acciones el movimiento de lucha contra los fascistas japoneses y sus lacayos títeres, por la preparación de la insurrección con miras a tomar el poder, pudo hacer los asaltos y en adelante las organizaciones de salvación nacional y las unidades armadas o paramilitares se desarrollaron con un ritmo rápido. Desde abril de 1945 se establecieron los *Comités de Liberación* en varias provincias. Se inició así una forma de pre-poder que aparecía en las condiciones de la preparación a nivel de país entero para la insurrección general. La revolución de agosto de 1945 es un logro de nuestro partido y del frente Viet

---

[1]Las instrucciones dadas por el Buró Permanente del CC del Partido, el 12 de marzo de 1945: "Los japoneses y los franceses se pelean, ¿qué haremos?"

Minh, en la combinación de la lucha política con la lucha armada para la conquista del poder. La coyuntura de aquel entonces era muy favorable: el ejército soviético había aniquilado las unidades más aguerridas de las fuerzas japonesas -el ejército de Kuontung-, obligando a los fascistas japoneses a capitular sin condición, por lo que las tropas de ocupación japonesas en Indochina eran como las serpientes decapitadas. De esta manera la lucha armada de nuestro pueblo se hallaba considerablemente aliviada y la victoria estaba asegurada. La genial dirección de nuestro partido, encabezado por el presidente Ho Chi Minh, residía en el hecho de que había sabido aprovechar esta situación sumamente favorable que no se repetirá durante mil años para movilizar a las masas a levantarse, tomar el poder y proclamar la fundación de la República Democrática de Vietnam antes de la entrada de las fuerzas aliadas en lndochina que venían a desarmar a las tropas japonesas.

Durante la resistencia contra los colonialistas franceses, nuestro pueblo continuaba combinando la lucha armada con la lucha política. Sin embargo, la lucha armada era el elemento esencial. La lucha política se efectuó en las formas siguientes: huelga obrera, huelga estudiantil, paro de mercado, mitin, manifestación, etc., en las zonas provisionalmente ocupadas por los enemigos. En las zonas liberadas esa lucha política había empleado diferentes métodos contra los colonialistas agresores franceses y exigió a los terratenientes la aplicación de la política agraria del partido y el gobierno. A partir de 1953 la lucha militar que se desarrollaba encarnizadamente en los campos de batalla contra los colonialistas franceses estuvo estrechamente coordinada con la movilización, en la retaguardia, de las masas campesinas que exigían a la clase de los terratenientes la reducción integral de las rentas agrarias y la aplicación de la reforma agraria con miras a llevar a cabo la consigna de "tierra a los que la trabajan".

Tales son algunos rasgos de la táctica de nuestro partido desde su fundación hasta la victoria de Dien Bien Phu. Desde entonces hubo una rica aplicación de esa táctica revolucionaria en las dos zonas de Vietnam: en el norte, sirve a la estrategia de la revolución socialista; y en el sur, está al servicio de la estrategia de la revolución nacional-democrática-popular. Pero en las dos zonas la táctica revolucionaria tiene un mismo objetivo: luchar contra la agresión norteamericana por la salvación nacional. El norte está completamente liberado. En el sur hay zonas liberadas y regiones provisionalmente sometidas al control enemigo. En el norte existe el poder popular dirigido por la clase obrera; en el sur coexisten dos poderes y se libra una lucha encarnizada: el poder popular está en pleno desarrollo en la zona liberada; el poder yanqui-títere está en plena descomposición y se viene abajo. Esa diferencia de condiciones no solo ha engendrado tácticas distintas sino también ha dictado, lo que es más importante, estrategias revolucionarias diferentes en las dos zonas. Sin una clara visión de esas particularidades es imposible comprender el espíritu del Programa Político del Frente Nacional de Liberación ni tampoco ciertos problemas concretos. Por ejemplo, la razón por la que el FNL lanza en el sur la consigna: "Todo para el frente, todo para la victoria"; mientras que en el norte, nuestro partido ha tomado como consigna: "Todo para vencer al agresor yanqui."

Tales son los rasgos sumarios acerca de nuestro arte de dirigir la lucha revolucionaria de la clase obrera y del pueblo vietnamita.

Índice

La Revolución Vietnamita
Stella Grenat 7

Nacimiento de un ejército
Vo Nguyen Giap 39

Pueblo heroico
Hoang Quoc Viet 83

Al pie del cadalso
Le Van Luong 149

Estrategia y táctica del partido
Truong Chinh 157

La Biblioteca Militante se compondrá de un total de 250 títulos divididos en cinco colecciones. Con este emprendimiento, *Razón y Revolución* se propone contribuir a la formación política y cultural de sus lectores, brindando una amplia selección de títulos y autores, de lectura ágil y gran importancia, a un precio irrisorio para lo que es actualmente el mercado editorial. La Biblioteca quiere militar por el socialismo en el sentido más general: demostrando que existe como una potencia siempre latente en el alma humana. Autores de los más diversos traerán mes a mes un aspecto, un elemento y una perspectiva de la realidad que buscarán enriquecer la mirada del lector y ayudarlo a construir una cultura socialista.

La Colección Problemas Contemporáneos está destinada a aquellos lectores que tengan preguntas por responderse sobre el mundo actual. Textos de gran calidad que intentarán explicar guerras, crisis económicas y procesos políticos en cada rincón del planeta, presentes o pasados. Una visión panorámica del mundo, necesaria para ubicarse y tomar partido.

Colección Historia Argentina

Juan Carlos Torre: *La vieja guardia sindical y Perón*
Edgardo Bilsky: *La semana trágica*
Raúl Dargoltz: *El Santiagueñazo. Gestación y crónica de una pueblada argentina*
Jorge Roze: *Conflictos agrarios en Argentina. El proceso liguista*
Alberto Bonnet, Adolfo Gilly y Alan Woods: *La izquierda y la guerra de Malvinas*
Julio Frydenberg y Miguel Ruffo: *La semana roja de 1909*
Natalia Duval: *Los sindicatos clasistas. SiTraC (1970-71)*

Próximamente

Eduardo Gilimón: *Un anarquista en Buenos Aires (1890-1910)*
Hiroshi Matsushita: *Movimiento Obrero Argentino 1930-1945*
Ian Rutledge: *Cambio agrario e integración. El desarrollo del capitalismo en Jujuy: 1550-1960*

Colección Arte y Filosofía

Alex Callinicos: *Contra el posmodernismo*
Paul Lafargue: *En defensa del materialismo histórico*
Ernest Mandel: *Crimen delicioso*
Karl Marx y Bruno Bauer: *La liberación humana*
Paul Lidsky: *Los escritores contra la Comuna*
Ellen Meiksins Wood: *¿Una política sin clases? El post-marxismo y su legado*

Próximamente

Mario Luciano Robles Baez: *Dialéctica y capital*
José Mariategui: *Critica Literaria*
George Politzer: *Principios elementales de filosofía*
Federico Engels: *Luwdig Feuerbach o el fin de la filosofía clásica alemana*

Colección Básicos del Socialismo

Daniel Guérin: *La lucha de clases en el apogeo de la Revolución Francesa*
Víctor Serge: *El año I de la Revolución Rusa*
Guillermo Lora: *Revolución y foquismo*
Maximilien Rubel: *Karl Marx: Ensayo de biografía intelectual*
Paul Mattick: *Marx y Keynes. Los límites de la economía mixta*
CLR James: *Los jacobinos negros*

Próximamente

Rosa Luxemburgo: *Huelga de masas, partido y sindicatos*
Federico Engels: *Los bakuninistas en acción*
Ernest Mandel: *Sobre la historia del movimiento obrero*
Victor Serge: *Memorias de mundos desaparecidos*

Colección Problemas Contemporáneos

Daniel Pereyra: *Del Moncada a Chiapas. Historia de la Lucha Armada en América Latina*
Lillian Hellman: *Tiempo de Canallas*

Alejandro Valle Baeza y Gloria Martínez González: *México, otro capitalismo fallido*
Roberto Montoya: *La impunidad imperial*
Hal Draper: *La revuelta de Berkeley*
Vo Nguyen Giap, Hoang Quoc Viet, Le Van Luong y Truong Chinh: *Los orígenes de la Revolución Vietnamita, 1930-1945*

Próximamente

Minqui Li: *Desarrollo del capitalismo y lucha de clases en China*
Doug Henwood: *Cómo funciona Wall Street*

Colección Literatura en Acción

David Viñas: *En la semana*
Andrés Rivera: *El precio*
César Vallejo: *El tungsteno y otros relatos*
José González Castillo: *Los invertidos y otras obras*
Andrés Rivera: *Los que no mueren*

Próximamente

David Viñas: *Cayó sobre su rostro*
David Viñas: *Dar la cara*
Emile Zola: *Germinal*
Goldoni Carlo: *Arlequino, servidor de dos patrones*
Henri Barbusse: *El fuego*
Dardo Dorronzoro: *Poesía*